Nicole Weiß

FAMILIE MINIMALISTISCH

Raum für Raum ausmisten – dauerhaft von Ballast befreien

So funktioniert Minimalismus im Familienalltag

humboldt

INHALT

MINIMALISMUS FÜR FAMILIEN

Minimalismus hat mein Leben verändert, und er hat das Potenzial, auch deines zu verändern. Dieses Buch kann dich dabei unterstützen. Ich zeige dir, was Minimalismus eigentlich ist und was nicht, und warum Minimalismus gerade im Familienalltag nicht nur guttut, sondern eigentlich unverzichtbar ist, wenn man nicht verrückt werden will.

Minimalismus verändert alles

Ich ließ mich erschöpft zwischen das am Boden verteilte Spielzeug fallen und schaute mich um. Da saß ich als junge Mama, überwältigt vom Chaos um mich herum, und hatte keine Ahnung, wie ich da jemals wieder rauskommen sollte.

Das Mamasein hatte ich mir ganz anders vorgestellt. Ich wollte doch, dass wir es zu Hause schön und wohnlich hatten. Es sollte doch ordentlich und sauber sein. Meine Kinder wollte ich gesund und abwechslungsreich ernähren. Und sie selbstverständlich und mit höchster Priorität liebevoll erziehen, geduldig alle Fragen beantworten und ganz viel Zeit damit verbringen, mit ihnen zu spielen und sie bestmöglich zu fördern.

Stattdessen saß ich da, umgeben von Stapeln an schmutzigem Geschirr und endlosen Wäschebergen und war permanent nur damit beschäftigt, Spielzeug, Schuhe, Jacken, Bücher und Sonstiges aufzuräumen. Ich fühlte mich mehr und mehr unter Druck, weil ich meine selbst gesetzten Ziele nicht auch nur annähernd erreichen konnte.

Ich musste mit Schrecken feststellen, wie das Chaos sich immer weiter ausbreitete und ich zunehmend müde und erschöpft war und auf die klitzekleinste Kleinigkeit gereizt reagierte. Von meiner einstigen Idealvorstellung war ich meilenweit entfernt.

Mir war das Chaos in unserem Haus derart peinlich, dass ich eine Freundin, die spontan vorbeischaute, vor der Tür stehen ließ, anstatt sie auf einen Kaffee hereinzubitten, wie ich es so gerne getan hätte. Aber ich wäre vor Scham im Boden versunken, wenn sie unsere Wohnung in diesem Zustand gesehen hätte.

Ich war enttäuscht von mir selbst und konnte nicht fassen, dass das mein Leben sein sollte, dass so die Kindheit meiner Kinder aussehen sollte. Ich sah meine Kinder wachsen und hatte das Gefühl so vieles zu verpassen, weil die Menge an Gegenständen, die wir besaßen und die Arbeit, die es machte, sie in Ordnung zu halten, mir meine Zeit und Lebensfreude stahl.

Wie sollte ich dieses Haushaltsmonster in den Griff bekommen, und wie sollte ich es anstellen, dabei selbst nicht unterzugehen und das Mamasein nur noch zu überleben anstatt zu leben? Es ging mir wie vielen anderen Mamas. Ich kam mit dem Aufräumen, der Wäsche und sonstigen Haushaltsarbeiten ja kaum hinterher. Wenn ich mir die Zeit genommen habe, mit meinen Kindern zu spielen, musste ich es am nächsten Tag büßen, weil mein Aufgabenberg in der Zwischenzeit weiter gewachsen war. Ich stand vor den gleichen Problemen, vor denen du jetzt vermutlich stehst, da du dieses Buch zur Hand genommen hast.

Es dauerte, bis ich erkannte, dass es nicht nur fehlende gute Gewohnheiten und ein besseres Ordnungssystem waren, die mich davon abhielten, das Leben zu leben, das ich mir erträumt hatte, sondern vor allem der Überfluss an Dingen um mich herum.

Jeder einzelne Gegenstand in meinem Haus verlangte in irgendeiner Form nach Aufmerksamkeit. Irgendetwas wollte immer gekauft, recherchiert, nach Hause gebracht, gepflegt, geputzt, repariert oder aufgeräumt werden.

Mir wurde klar, dass viele der angesammelten Dinge gar keinen Nutzen für mich hatten, sondern dass sie mich nur von dem abhielten, was mir wichtig war. Ich erkannte, dass ich auf das Werbeversprechen, dass mehr immer besser ist und dass mir nur noch dieser oder jener Gegenstand zum Glück fehlt, hereingefallen war. Und zwar wieder und wieder. So hatte ich mir, ohne es zu merken, mehr und mehr Ballast aufgebürdet und hatte die Hände nicht mehr frei für das, was ich wirklich tun wollte, und den Kopf nicht mehr frei, um meine Träume zu verfolgen. Ich war tagein tagaus nur noch mit der Verwaltung unserer Sachen beschäftigt, anstatt mein Leben sinnvoll und mit Freude zu leben.

Diese Erkenntnis gab den Startschuss für den Weg in ein anderes, freieres Leben. Ich machte mich an die Arbeit. Ich fing nicht nur an, mir Routinen zu schaffen und mir positive Gewohnheiten anzueignen. Ich ließ mehr und mehr unnötigen Ballast los, habe unglaublich viel Überflüssiges rausgeworfen und die verbliebenen Dinge den Bedürfnissen meiner Familie entsprechend organisiert.

Dieser Weg war wahnsinnig schwierig, und es gab viele Rückschläge. Ich folgte dabei keinem Plan, sondern sprang von Raum zu Raum und von Bereich zu Bereich. Im Nachhinein betrachtet weiß ich, dass ich es mir damit unnötig schwer gemacht habe. Und dennoch, mit jedem Gegenstand, der aus unserem Zuhause verschwand, fühlte ich mich ein bisschen leichter, ein bisschen freier und konnte ein wenig aufatmen. Die Zeit, die ich mit Ausmisten verbracht habe, bekam ich um ein Vielfaches zurück, und ich profitiere jeden Tag davon.

Heute bin ich als Mama von mittlerweile drei Kindern entspannter und produktiver, als noch vor einigen Jahren mit einem Kind.

Dabei gibt es auch bei uns noch Raum für Verbesserungen. Ein minimalistischer, bewusster Lebensstil ist eben mehr Reise als festes Ziel. Perfektion ist aber auch gar nicht nötig. Lass dich nicht davon abhalten, einfach anzufangen, auch wenn es noch nicht gleich perfekt sein wird. Wichtig ist, dass ihr, du und deine Familie, euch in eurem Zuhause wohlfühlt. Und genau dabei möchte ich euch unterstützen.

So kann dieses Buch dir helfen

Mit diesem Buch möchte ich dir den Leitfaden an die Hand geben, den ich mir selber damals gewünscht hätte. Dieses Buch ist speziell auf Familien zugeschnitten. Ich weiß, was viel beschäftigte Eltern umtreibt. Darum ist meine Methode realistisch und lässt sich im Familienalltag umsetzen. Mir ist ein pragmatischer Ansatz wichtig. Nicht Perfektion ist das Ziel, sondern, dass du wieder Freude am Familienleben hast. Ich möchte dich und deine Familie dazu anregen, euch auf den Weg zu machen und euer Leben zu vereinfachen.

Den Kern dieses Buches bildet das konkrete Ausmisten Raum für Raum. Dabei berücksichtige ich die Tatsache, dass Familien anders ticken als Singles und dass eben auch das Ausmisten mit Familie im Schlepptau anders läuft, als wenn man es allein macht. Ich zeige dir, wie du familientypische Hindernisse überwinden und die Stolpersteine aus dem Weg räumen kannst.

Dieses Buch endet aber nicht einfach mit dem Ausmisten. Ich helfe dir, gute Gewohnheiten für den dauerhaften Erhalt des neuen Zustands zu entwickeln und zu hinterfragen, warum du es bisher nicht geschafft hast auszumisten, weniger zu kaufen und Ordnung zu halten. Du lernst, dafür zu sorgen, dass sich das jetzt ändert und das ganz ohne esoterischen Ansatz.

Damit du dir auch wirklich das Leben dauerhaft erleichtern kannst, solltest du die Inhalte nicht nur passiv konsumieren, ohne etwas davon umzusetzen. Es ist wichtig, dass du selbst aktiv wirst. Darum stelle ich dir konkrete Aufgaben, die du Schritt für Schritt umsetzen kannst.

Ausmisten braucht Übung. Ich begleite dich in vielen kleinen und einfach machbaren Schritten. So kannst du genug Motivation aufbauen, das Familienleben erleichtern und Ordnung schaffen, die dauerhaft erhalten bleibt.

Ausmisten ist ein bisschen wie abzunehmen. Du kannst dich kopfüber hineinstürzen, deinen Besitz zählen wie Kalorien, sprich in einer Hauruck-Aktion alles rauswerfen, um schnelle Ergebnisse zu erzielen. Leider ist dieses Vorgehen nicht besonders nachhaltig. So wie sich bei einer Diät schnell der Heißhunger meldet, holen dich deine alten Gewohnheiten wieder ein, und ehe du dichs versiehst, ist dein Zuhause wieder vollgestellt. Auch beim Ausmisten und Vereinfachen kommt es darauf an, deine Einstellung und deine Gewohnheiten Schritt für Schritt zu ändern, um eine langfristige Veränderung deines Lebensstils zu erzielen.

Ich möchte hier kein theoretisches Wissen mit dir teilen, sondern habe mir aus meiner persönlichen Erfahrung heraus über die Jahre Lösungen angeeignet und hart erarbeitet. Ich bin den Weg ganz allein gegangen. Mit diesem Buch helfe ich dir, die Abkürzung zu nehmen.

Ich verstehe, wie es ist, nicht von Natur aus ordentlich zu sein und zu viel Zeug zu haben. Ich weiß, wo die Probleme sitzen, wo die Knackpunkte sind und setze genau da an.

Ich zeige dir die Richtung, in die du gehen musst, ich bereite dich darauf vor, wie du mit Hindernissen auf dem Weg umgehen kannst, und begleite dich auf jedem einzelnen Schritt. Gehen musst du den Weg trotzdem selbst. Dieses Buch unterstützt dich, kann dich aber nicht ins Ziel tragen. Ohne eigenen Einsatz und Mühe wirst du leider keine Veränderung sehen.

Ich tue alles, was ich kann, dir den Weg zu weisen, aber ich kann logischerweise nicht immer ganz speziell auf deine persönliche Situation eingehen. Jede Familie und jedes Zuhause ist unterschiedlich. Darum wirst du meine Empfehlungen auf deine spezielle Situation anpassen müssen, damit es für dich und deine Familie funktioniert.

Also kremple die Ärmel hoch, mach dich an die Arbeit und lass mich dich dabei begleiten. Du schaffst das!

Was genau ist Minimalismus?

Wenn wir den Begriff „Minimalismus“ hören, denken wir oft an weiße Wände, leere kalte Räume mit einer einzelnen weißen Couch.

Auch wenn Minimalismus ein Einrichtungsstil sein kann, ist er doch viel mehr als das. Minimalismus ist ein Lebensstil, der gerade für Familien große Vorteile bringt, weil er unser Leben so viel leichter und freier machen kann. Wir können ein Leben führen, in dem wir aufatmen können, ein Leben, in dem wir gern zu Hause sind, ein Leben, das von innen heraus strahlt.

Ein minimalistischer Lebensstil schafft dir Freiraum in deinem Zuhause, deinem Kalender und deinem gesamten Leben, sodass du deine Zeit viel bewusster und präsenter mit denen verbringen kannst, die du liebst.

Auf den ersten Blick denken viele, Minimalismus bedeute schlicht und einfach, materiellen Besitz loszuwerden. Das stimmt so allerdings nicht ganz. Es geht zwar durchaus auch darum, Überflüssiges zu entfernen, aber das ist nur ein Teil des Ganzen. Wenn wir uns ausschließlich mit Gegenständen beschäftigen, haben wir das Wesentliche nicht begriffen.

Einen minimalistischen Lebensstil zu führen, bedeutet nicht einfach, sich darauf zu konzentrieren, immer und immer weniger zu besitzen. Es bedeutet vielmehr, sich darauf zu konzentrieren, Platz zu schaffen für immer mehr – mehr Zeit, mehr Familie, mehr Erlebnisse, mehr Lebensfreude, mehr Zufriedenheit, mehr Freiheit. Minimalismus ist nicht Verlust, Minimalismus ist Gewinn.

Familie im Glück!
Kiran Deuretzbacher
Konflikte nutzen statt vermeiden
Wie ihr Streit klar und liebevoll löst und eure Eltern-Kind-Beziehung stärkt
humboldt
MICHÈLE LIUSSI
SELBST-BEWUSST BEDÜRFNIS-ORIENTIERT
Wie du Vorurteilen, Widerständen und Erziehungsmythen begegnest, während du dein Kind liebevoll begleitest
humboldt
humboldt
... bringt es auf den Punkt.

Inke Hummel

Ups, ich komme in die Schule

- Vorlesen und Gefühle besprechen: Kindgerechte Geschichte und Elternratgeber in einem
- Mit vielen Anregungen, um über den Schulstart ins Gespräch zu kommen

80 Seiten, illustriert von Verena Potthast
ISBN 978-3-8426-1726-1
€ 18,00 [D] · € 18,50 [A]

Inke Hummel

Ups, ich habe Angst

- Über Ängste reden und sie entschärfen: Vorlesegeschichte und Elternratgeber in einem
- Mit vielen Tipps und Impulsen, damit Eltern und Kind ins Gespräch kommen

80 Seiten, illustriert von Verena Potthast
ISBN 978-3-8426-1738-4
€ 18,00 [D] · € 18,50 [A]

Michèle Liussi

Selbstbewusst bedürfnisorientiert

- Der Ratgeber erklärt autoritäre Erziehung und Adultismus und entlarvt typische Vorurteile gegenüber bedürfnisorientierter Erziehung
- Für Eltern, die einen Unterschied machen wollen – starke Argumente für Partnerschaft, Kita & Co!

224 Seiten
ISBN 978-3-8426-1747-6
€ 22,00 [D] · € 22,70 [A]

Katharina Spangler

Ups, wir haben Streit

- Vorlesegeschichte und Elternratgeber in einem – für einen besseren Umgang mit Konflikten
- Mit vielen Tipps und Impulsen zu typischen Streit-Situationen im Kinderalltag

80 Seiten, illustriert von Verena Potthast
ISBN 978-3-8426-1753-7
€ 18,00 [D] · € 18,50 [A]

Inke Hummel

Ups, meine Eltern leben in Trennung

- Vorlesen und Gefühlen Raum geben: kindgerechte Geschichte und Elternratgeber in einem
- Mit vielen Tipps und Impulsen, damit Eltern und Kind ins Gespräch kommen

80 Seiten, illustriert von Verena Potthast
ISBN 978-3-8426-1759-9
€ 18,00 [D] · € 18,50 [A]

Kiran Deuretzbacher

Konflikte nutzen statt vermeiden

- Praktische Tipps und Übungen, um bei Konflikten aus alten Handlungsmustern auszusteigen und neue Wege zu gehen
- Werkzeugkasten, mit dem Eltern ihre Kinder dabei unterstützen, zu mental starken, krisenfesten und resilienten Erwachsenen heranzuwachsen

224 Seiten
ISBN 978-3-8426-1744-5
€ 22,00 [D] · € 22,70 [A]

Hilal Virit

Miteinander sprechen – miteinander wachsen

- Bindungs- und bedürfnisorientierte Eltern-Kind-Kommunikation: gute Gespräche beginnen und führen, Gefühlsausbrüche begleiten, Konflikte lösen
- Mit Spickzetteln: Was Eltern in herausfordernden Situatonen sagen können

304 Seiten
ISBN 978-3-8426-1690-5
€ 22,00 [D] · € 22,70 [A]

Julia Scharnowski

Verstehen – nicht bestrafen

- Weniger schimpfen, die Eltern-Kind-Bindung stärken und mit den Eigenschaften und Charakterzügen des Kindes gut umgehen
- Mit Lösungen für typische Alltagssituationen

264 Seiten
ISBN 978-3-8426-1711-7
€ 22,00 [D] · € 22,70 [A]

Julia Scharnowski

Starke Jungs brauchen entspannte Eltern

- Das Kraftpaket unter den Jungs-Ratgebern – mit wertvollen Tipps zu allen typischen Stress-Situationen im Familien- Tagesablauf
- Gelassen durch die Kindergarten- und Grundschulzeit

2. Auflage, 208 Seiten
ISBN 978-3-8426-1607-3
€ 19,99 [D] · € 20,60 [A]

Unser unnötiges Zeug aus dem Weg zu räumen hilft uns dabei, diesen Platz zu schaffen. Mehr Platz ist etwas, das wir alle gebrauchen können. Minimalismus hilft uns dabei, über die Ebene der physischen Dinge hinauszugelangen und Raum zu schaffen für das, was uns im Leben wirklich wichtig ist – und das sind eben gerade keine Dinge.

Minimalismus bedeutet, all dein überflüssiges Zeug einzutauschen gegen das, von dem du mehr willst: Zeit mit deiner Familie, mit Freunden, für Erlebnisse.

Minimalismus bedeutet nicht, nichts zu besitzen. Es bedeutet, dass nichts dich besitzt

Minimalismus muss nicht heißen, in einem Tiny House zu leben oder in einer Hütte im Wald, und nur noch 100 Dinge zu besitzen (obwohl man das sicherlich tun kann).

Ihr müsst nicht aus der Gesellschaft aussteigen. Ihr bleibt weiterhin mittendrin und ein sehr aktiver und wertvoller Teil der Gesellschaft. Aber ihr werdet sicher einiges an unserer Gesellschaft kritisch hinterfragen. Auch ganz normale Familien können einen minimalistischen Lebensstil pflegen. Ihr müsst dazu nicht in einer hippen Großstadt leben und eure Wohnung mit Designermöbeln im Scandi-Boho-Stil einrichten.

Minimalismus bedeutet auch nicht, dass du keine Bilder an den Wänden oder Sofakissen haben darfst, dass du nicht mehr, als das zum bloßen Überleben Notwendige besitzen darfst. Du musst auch nicht über die Anzahl deiner Unterhosen Buch führen, wenn du dich einen Minimalisten nennen willst, und du brauchst deinen Besitz nicht zu zählen, es sei denn, du möchtest das gern tun.

DAS SOLL MINIMALISMUS SEIN?

Wenn du den Leuten erzählst, dass du dich für das Thema Minimalismus interessierst und gemeinsam mit deiner Familie einen minimalistischeren Lebensstil anstrebst, wirst du bestimmt einige erstaunte Blicke ernten und auf Kritik stoßen. Nach dem Motto „Wie, ihr besitzt zwei Autos? Das ist doch nicht besonders minimalistisch. Deine Kinder haben Spielzeug? Du möchtest ein Haus bauen? Du bist alles, nur kein Minimalist!"

Was viele Leute nicht verstehen, ist, dass es bei Minimalismus nicht darum geht, ein möglichst entbehrungsreiches Leben zu führen. Es geht darum, aus den Dingen, die man besitzt, tatsächlich Nutzen zu ziehen. Das kannst du erreichen, indem du alles Überflüssige entfernst und nur die Besitztümer behältst, die für dich einen Zweck erfüllen, oder dir Freude machen. Trotzdem darfst du auch Dinge besitzen, die du einfach nur schön findest.

Es gibt kein minimalistisches Regelwerk, das du unbedingt einzuhalten hast, und es wird auch keine Minimalismuspolizei vorbeikommen, um die Einhaltung gewisser unumstößlicher Regeln zu kontrollieren. Wir alle sind verschieden. Was in meinem Leben wertvoll ist, kann für dich komplett überflüssig sein.

Dein Leben – dein Minimalismus.

Minimalismus bedeutet also nicht, ...

- alle Erinnerungsstücke wegzuwerfen,
- Fernseher, Auto und Sofa zu verkaufen,
- nur noch ein Paar Schuhe zu besitzen und ausschließlich schwarz zu tragen,
- alles Spielzeug rauszuwerfen.

Es geht nicht nur um ein ordentliches sauberes Haus und mehr Zeit. Es geht vor allem um die Frage nach dem „Warum" hinter all dem. Es geht um dein Leben, deine Familie, deine Bestimmung.

Minimalismus bedeutet auch, langsamer zu leben. Unsere Gesellschaft ist ständig in Eile. Alles muss schnell, schnell, schnell gehen. Minimalismus erlaubt dir, dich ein Stück weit frei zu machen von gesellschaftlichen Anforderungen.

Minimalismus bedeutet frei zu sein davon, mit allen anderen mithalten zu wollen, und frei zu sein von der ständigen Angst, etwas zu verpassen. Minimalismus hilft dir dabei zu entdecken, was für dich und deine Familie wichtig ist. Es bewegt deinen Fokus weg von dem, was alle anderen haben und tun, und lenkt ihn darauf, was dich, euch glücklich macht.

Minimalismus ist das Werkzeug, das dir hilft, überflüssige Dinge loszulassen und dein Leben für dich sinnvoll zu leben.

MINIMALISMUS IST NICHT GLEICHZUSETZEN MIT ORGANISIEREN

Du kannst dir noch so viele hübsche Aufbewahrungslösungen kaufen, damit dein Krempel besser aussieht, zu viel Zeug bleibt zu viel Zeug. Es wird nicht lange dauern, bis die Sachen wieder auf dem Boden, auf dem Esstisch und sonst wo verteilt sein werden.

Organisieren ist keine Lösung für deine Überforderung.

Ausmisten und Überflüssiges gehen zu lassen ist eine Lösung.

Organisieren ist super, ist sinnvoll und macht auch Spaß, aber organisieren kannst du später. Zuerst solltest du alles ausmisten, was du nicht wirklich brauchst, alles, was dich nicht deinen Zielen näher bringt, was nicht deine Werte unterstützt, nach denen du leben willst.

Ansonsten ist es, als würdest du versuchen, einfach ein Pflaster auf eine klaffende Wunde zu kleben. Das ist keine Lösung. Ausmisten ist eine Lösung. So verringerst du die Menge an Dingen, mit denen du dich befassen musst.

Zuerst kommt das Ausmisten – dann das Organisieren!

Minimalismus ist nicht das Ende der Geschichte, Minimalismus ist der Anfang

Deinen materiellen Besitz auszusortieren bedeutet nicht automatisch, dass du ab sofort immer glücklich sein wirst. Es wird dir aber helfen zu erkennen, was dich eigentlich glücklich macht. Und das sind nicht deine Habseligkeiten, die meisten davon stehen eher zwischen dir und deinem Glück.

Wenn du Unnötiges losgeworden bist, wirst du den Weg zum Glück einfacher finden. Es wird aber trotzdem nicht immer alles Friede, Freude, Eierkuchen sein. Natürlich wird das Leben immer Momente haben, in denen es weniger gut läuft, aber Minimalismus kann dir zu einem Leben verhelfen, in dem diese Momente die Ausnahme sind.

Ich verspreche dir, wenn du das, was ich dir in diesem Buch zeige, anwendest, wirst du häufiger zufrieden mit deinem Leben sein.

Gerade Familien brauchen Minimalismus

Jeder Einzelne kann von einem minimalistischeren Lebensstil profitieren. Aber ganz besonders für Familien ist Minimalismus absolut lebensverändernd im positiven Sinne, und wenn wir ehrlich sind, eigentlich absolut notwendig, um nicht verrückt zu werden. Hier sind ein paar der vielen Vorteile, die ein vereinfachter Lebensstil für euch bereithält:

Ihr müsst weniger aufräumen und putzen. Die Zeit, die ihr in Hausarbeit investieren müsst, wird sich drastisch reduzieren. Ich brauche mittlerweile ca. 40 Prozent weniger Zeit als noch vor ein paar Jahren. Ich habe ein paar tägliche Routinen, wie eine Ladung Wäsche waschen, in den Hauptwohnbereichen Staub saugen, Waschbecken und Toiletten auswischen und eine abendliche Aufräumrunde, die mir helfen, auf dem Laufenden zu bleiben. Weniger unnötiges Zeug bedeutet weniger aufzuräumen und zu putzen. So einfach – so genial!

Ihr könnt jederzeit Besuch empfangen. Du wirst jederzeit mit gutem Gewissen Gäste empfangen können und brauchst dich nicht mehr für den Zustand deines Zuhauses zu schämen. Bei uns ist auch nicht immer alles zu 100 Prozent topsauber und aufgeräumt. Es ist aber nie so schlimm, dass ich Angst vor spontanem Besuch haben müsste. Das Chaos hat einfach keine Chance mehr, so groß zu werden, und das ist ein wunderbar befreiendes Gefühl.

Ihr habt mehr Zeit. Wir haben die Chance, unser Leben selbst in die Hand zu nehmen. Ich habe mich dafür entschieden, mir mehr Zeit zu schaffen, indem ich Überflüssiges losgelassen habe. Dadurch fühle ich mich heute viel produktiver als vor ein paar Jahren, und das mit mittlerweile drei Kindern und trotz meiner Arbeit als Ordnungscoach und Buchautorin. Denke einmal drüber nach, wie viel Zeit die Dinge um dich herum in Anspruch nehmen: Du musst zunächst das Geld verdienen, um einen Gegenstand zu kaufen, du brauchst Zeit, um Preise zu vergleichen, ihn im Laden oder online zu kaufen, einen Platz zu finden, wo du ihn aufbewahren kannst, du musst ihn sauber machen, ihn pflegen, reparieren, Zubehör oder Ersatzteile besorgen, ihn vor den Kindern in Sicherheit bringen usw. Wir schaffen mit jedem neuen Gegenstand nicht nur neuen Besitz an, sondern legen uns jede Menge Verantwortung auf. Wenn du nie genug Zeit hast und der Tag nicht genug Stunden zu haben scheint, liegt es vielleicht an dem ganzen Zeug, das du besitzt. Weniger Arbeit mit den physischen Dingen um dich herum wird auch deinen Umgang mit der Zeit verändern. Ist die Vorstellung nicht fantastisch, diese gewonnene Zeit mit den Kindern, deinem Partner, mit Freunden, oder einfach für dich alleine und mit einer Beschäftigung verbringen zu können, die du liebst? Weniger Zeug – mehr Zeit!

Ihr habt bessere Übersicht im Kleiderschrank. Wenn du nur noch die Sachen, die du wirklich magst, die dir wirklich stehen und passen, im Kleiderschrank hast, bist du immer gut angezogen und musst morgens nicht lange überlegen. Auch für Kinder ist es eine Erleichterung, einen übersichtlichen Kleiderschrank zu haben, in dem sie mühelos das finden, was sie gerade suchen und keine Klamottenlawine auslösen, weil sie das Lieblings-T-Shirt von ganz unten im Stapel hervorgezogen haben.

Ihr könnt euer Zuhause besser genießen. Ich koche vielleicht nicht immer leidenschaftlich gerne, aber ich bin gerne zu Hause in unserer

Küche. Wäsche waschen und zusammenlegen ist nicht das Highlight meines Tages, aber dadurch, dass keine riesigen Wäscheberge mehr entstehen, machen mir die paar Minuten, die ich dafür brauche, nichts mehr aus. Dank weniger Kram verbringe ich viel lieber Zeit mit meinen Lieben in unserem Zuhause, anstatt die ganze Zeit damit beschäftigt zu sein, es sauber und in Ordnung zu halten.

Ihr habt mehr Freude daran, mit euren Kindern zu spielen. Ich kann mit meinen Kindern den halben Nachmittag lang Lego spielen, ohne schlechtes Gewissen und ohne, dass ich später jede Menge Arbeit nachholen muss. Weniger Zeug, um das du dich kümmern musst, bedeutet mehr Zeit, in der du dich mit deinen Kindern beschäftigen kannst.

Du hast mehr Zeit für dich selbst. Wann hast du das letzte Mal einfach etwas für dich gemacht, dich mit einer Freundin zum Frühstück getroffen oder nach der Arbeit auf einen Kaffee? Ohne schlechtes Gewissen und mit dem fiesen Gefühl, dass du im Nachhinein dafür büßen musst, weil der Aufgabenberg währenddessen ins Unermessliche gewachsen ist? Minimalismus schafft dir den Freiraum, dir Zeit für dich selbst zu nehmen und deine Akkus wieder aufzuladen.

Ihr führt ein zufriedeneres, glücklicheres Leben. Je weniger Kram herumliegt, desto entspannter und gelassener bin ich. Das gibt mir die Klarheit zu erkennen, welches Geschenk dieses Leben doch ist und hilft mir, mein Leben bewusst auf das zu konzentrieren, was wichtig ist. Weniger Kram – mehr Klarheit und Zufriedenheit!

Ihr werdet mehr Platz haben. Wir haben unseren Wohnraum im letzten Jahr halbiert und sind sehr glücklich mit dieser Entscheidung. Ihr werdet merken, dass ihr keine größere Wohnung braucht (um noch mehr freien Platz mit Sachen vollzustellen), sondern dass ihr euren Platz bisher mehr als Lagerraum statt als Lebensraum genutzt habt.

Ihr habt mehr Geld zur Verfügung. Anstatt lauter Plunder zu kaufen, den ich nicht brauche, investiere ich mein Geld lieber in Reisen und schöne Erlebnisse.

Ihr gelangt zu Selbsterkenntnis. Brauche ich das Zeug wirklich? Werde ich durch dieses Ding wirklich glücklicher, liebenswerter, schöner? Und welche Werte gebe ich eigentlich an meine Kinder weiter? Dass der Sinn des Lebens darin besteht, möglichst viel materiellen Besitz anzuhäufen? Ausmisten zwingt dich, dich mit deinen Werten und Zielen zu beschäftigen. Das ist etwas, das im hektischen Alltag bisher vielleicht untergegangen ist und das dir neue wegweisende Erkenntnisse bringt.

Ihr habt weniger Stress, vor allem die Mutter. Weniger Dinge im Haus zu haben bedeutet, es gibt weniger aufzuräumen, zu reparieren oder zu ersetzen. Die Räume wirken ruhiger und klarer und lenken das Auge weniger ab. Dadurch, dass das allgemeine Chaos sich bei uns in Grenzen hält, kann ich (relativ) cool bleiben, wenn meinem Kind im morgendlichen Eifer des Gefechts das Honigglas aus der Hand rutscht und sich der Küchenfußboden in ein klebriges Desaster samt Scherben verwandelt. Früher waren solche Situationen, der Tropfen, der das Fass zum Überlaufen gebracht hat. Mütter brauchen Minimalismus noch mehr als andere.

Ihr erkennt, dass man nicht viel Geld braucht, um das Leben zu genießen. Mit Kindern kann man viele Dinge unternehmen, die nichts oder nicht viel kosten. Zusammen draußen spielen, drinnen Gesellschaftsspiele machen, gemeinsam kochen ... Das Leben ist schön und die besten Dinge kosten nichts. Denk mal an die schönsten Momente in deinem Leben. Ich vermute, die wenigsten davon haben etwas mit Geld zu tun.

Wenn du also zunehmend genervt bist von dem Überfluss, wenn der Spielzeug-Tsunami euer Haus überflutet, wenn Küchenschränke überquellen, euer Kalender bis zum Rand vollgepackt ist und deine Familie viel zu wenig Zeit miteinander verbringt, weil alle ständig beschäftigt sind, dann ist es jetzt an der Zeit, etwas zu ändern.

Stell dir einmal vor, ihr hättet 30 Prozent weniger Dinge in eurem Haus. Ich wette, ihr könntet das erreichen, ohne etwas davon zu vermissen. Das wären 30 Prozent weniger Arbeit! Was würdest du mit all der gewonnenen Zeit tun?

WARM-UP

Bevor du ans praktische Ausmisten gehst, solltest du dich mental vorbereiten, damit du in bestmöglicher Verfassung bist, so wie ein Sportler vor dem großen Wettkampf. Hier schaffst du dir die Grundlage für deinen Erfolg. Erst mal dreht sich alles um deine Einstellung. Bevor du dich daran machen kannst, die Kontrolle über deine Dinge zurückzugewinnen, musst du an deinem Verhältnis zu den Dingen arbeiten und die Bedeutung dieser Dinge in deinem Leben relativieren. Du findest hier dafür ein paar praktische Übungen, die dir dabei helfen werden, Sachen gehen zu lassen und zu erkennen, dass deine Dinge dir dienen sollten und nicht umgekehrt.

Frage dich: Warum?

Was ist deine Motivation? Was treibt dich an? Was ist dein Ziel? Stell dir mal vor, wie dein Leben nach dem Ausmisten aussehen wird?

Auszumisten ist nicht das Endergebnis – es ist vielmehr der erste Schritt. Du wirst nicht augenblicklich glücklich und zufrieden, nur dadurch, dass du dein Zeug rauswirfst – zumindest nicht auf lange Sicht. Wenn du nur über das Was und Wie nachdenkst und darüber das Warum vergisst, wird dich das letztlich kein Stück weiterbringen.

Wenn du einen großen Teil deines Besitzes weggibst, bist du gezwungen, dich mit unbequemen Fragen zu beschäftigen: „Warum habe ich materiellem Besitz solch große Bedeutung gegeben? Was ist in meinem Leben wirklich wichtig? Warum bin ich unzufrieden mit meinem Leben? Welche Leere in mir selbst habe ich versucht zu füllen? Wovon brauche ich denn in Wirklichkeit mehr?“

Das sind keine einfachen Fragen, und sie zu beantworten wird nicht leicht sein. Aber sich mit diesen Fragen zu beschäftigen, ist mindestens genauso wichtig, wie alles Unnötige rauszuwerfen. Wenn du die Fragen nicht ehrlich und gewissenhaft beantwortest, wird dein Zuhause in einem Jahr wieder aus allen Nähten platzen, weil du fröhlich weitershoppen wirst und den gewonnenen Platz mit neuen Dingen ausfüllst.

Mit den folgenden Fragen kommst du deinem „Warum" auf die Spur

1. Welche Vorteile eines minimalistischen Lebensstils sind dir am wichtigsten? Weniger Stress? Mehr verfügbares Geld? Weniger Ablenkung von dem, was dir wichtig ist?
2. Wofür möchtest du frei werdende Ressourcen (Zeit, Geld, Energie) verwenden? Für Familie, Reisen, ehrenamtliche Tätigkeiten ...?
3. Stell dir vor, dein Zuhause wäre komplett ausgemistet und du wärst nur noch umgeben von Dingen, die du tatsächlich benutzt und gern magst. Was würde das für dich bedeuten?
4. Was würde der in Frage 3 beschriebene Zustand für deine Familie bedeuten?
5. Wie würdest du dich fühlen, wenn du jederzeit Überraschungsbesuch bekommen könntest, ohne dass du dich fragen müsstest, ob es dafür bei euch gerade ordentlich genug aussieht und du keine Angst haben musst, dich zu schämen?

DEINE AUFGABE: SCHREIBE DEIN WARUM AUF

Ich möchte ausmisten und weniger unnötiges Zeug besitzen, damit ich ...

- mehr Zeit mit meinen Kindern verbringen kann,
- ein besseres Vorbild für meine Kinder sein kann,
- weniger arbeiten muss,
- mehr Geld spare,
- großzügiger anderen gegenüber sein kann,
- ...

Wenn du die Antworten auf dein „Warum" aufgeschrieben hast, hänge deine Liste an einer gut sichtbaren Stelle in deinem Zuhause auf, z. B. am Kühlschrank oder am Badezimmerspiegel. So wirst du laufend daran erinnert, warum du die Mühe des Ausmistens auf dich nehmen willst und welche Veränderungen du in deinem Leben sehen willst.

Deine Vision für euer Zuhause

Wie wünschst du dir euer Zuhause? Welche Träume und Ziele hast du in Bezug auf euer Familienleben?

Um sie Realität werden zu lassen, ist es hilfreich, deine Vision immer vor Augen zu haben. Je klarer das Bild von deiner Zukunft vor deinem inneren Auge ist, umso besser siehst du deinen Weg dorthin.

Unser Unterbewusstsein arbeitet in Bildern und reagiert darauf noch stärker als auf Worte. Ziele zu visualisieren, hilft dir darum dabei, sie besser und schneller zu erreichen.

DEINE AUFGABE: ERSTELLE EIN VISION BOARD

Mithilfe von Bildern, Zitaten, Illustrationen, Fotos und Texten, die du als Collage zusammenführst, erstellst du dir dein persönliches Vision Board.

So geht's:

- Nimm dir ein Blatt Papier und schreibe dir deine Ziele und Visionen für euer Zuhause und euer Familienleben auf. Setze dir dabei keine Grenzen. Lass dich nicht davon abhalten, etwas aufzuschreiben, nur weil du es nicht für realistisch hältst.
- Sammle deine Ziele und Visionen in Form von Bildern, Zitaten, Texten, Fotos und Illustrationen. Suche alles aus, was dir ein gutes Gefühl gibt und deine Ziele und Wünsche widerspiegelt. Schneide dir dazu aus Zeitschriften Bilder und Texte aus. Außerdem eignet sich Pinterest sehr gut dafür, dir Inspiration zu holen, passende Bilder zu finden, die du entweder digital zusammenstellen oder ausdrucken kannst.
- Nun kannst du deine Collage auf einer Pinnwand, einem Whiteboard oder einer Tafel erstellen.
- Wo ist ein besonders schöner Platz für dein Vision Board? Platziere es an einem Ort, an dem du es mehrmals täglich im Blick hast, damit du die Bilder deiner Träume auf dich wirken lassen kannst.

Gehe auf Gedankenreise

Was sind eigentlich die wichtigsten Gegenstände für dich und deine Familie? Was ist in eurem täglichen Leben unverzichtbar? An was hängt das Herz wirklich?

Um dem auf die Spur zu kommen, könnt ihr eine gedankliche Reise machen. Das kann gemeinsam als Familie sein, oder jeder macht das für sich. Wenn nicht alle Familienmitglieder teilnehmen möchten, ist das auch okay.

Auch wenn du diese Gedankenreise alleine unternimmst, wird sie sehr aufschlussreich für dich sein und dir vor dem eigentlichen Ausmisten helfen, deine Dinge mit anderen Augen zu sehen.

Stellt euch vor, ihr zieht in die USA oder an einen Traumort in Übersee, und ihr könnt jeder nur 20 Kilo Gepäck mitnehmen. Welche Dinge müssen auf jeden Fall mit? Ohne was könnt oder wollt ihr nicht leben? Was möchtet ihr ständig um euch haben?

Nehmt ein Blatt Papier, zeichnet einen Kreis und schreibt die unverzichtbaren Dinge, eure 1-a-Kandidaten, in diesen inneren Kreis.

Darum könnt ihr dann einen zweiten Kreis ziehen, in den ihr die Dinge schreibt, die euch nicht ganz so wichtig sind, die aber trotzdem einen hohen Stellenwert für euch haben.

Es kommt bei dieser Übung nicht darauf an, euren gesamten Besitz im Detail aufzulisten. Aber ihr bekommt schon einen recht guten Überblick darüber, was wirklich von elementarer Bedeutung für euch ist und vor allem ein Gefühl dafür, welchen Wert, die Dinge für euch haben.

Alle Dinge, die nicht in diesen beiden Kreisen landen, sind Wackelkandidaten. Auf diese Dinge müsst ihr beim Ausmisten besonders achtgeben. Natürlich habt ihr Dinge bei euch Zuhause, die ihr nicht mitnehmen würdet, die ihr aber trotzdem behaltet, weil sie jetzt gerade für euch nützlich sind oder euch einfach gefallen.

Trotzdem kann, wenn ihr ehrlich zu euch seid, ein großer Teil dieser Wackelkandidaten weg.

Finde die richtige Einstellung

Unsere Gedanken sind sehr mächtig – im positiven, wie im negativen Sinn.

Was zwischen dir und deinen Zielen steht, sind oft nur deine Gedanken und einschränkenden Glaubenssätze. Sie sorgen dafür, dass du in alten Mustern stecken bleibst, die gegen dich arbeiten, während du versuchst, dein Leben zu verbessern.

Du denkst zum Beispiel: „Meine ganze Familie besteht aus Hamsterern. Ich bin im Chaos aufgewachsen und werde immer ein Chaot sein." – „Dieses Zuhause ist ein einziges Durcheinander, und ich fühle mich völlig überfordert. Aber ich schaffe es sowieso nicht, dauerhaft etwas zu ändern." – „Ich bin nicht gut genug. Ich verdiene wohl einfach nichts Besseres." – „Ich habe doch schon so vieles versucht und nichts hat mir geholfen."

All das sind Glaubenssätze, die dich in deinem Alltag blockieren und dir das Leben verwehren, das du dir schon immer erträumt hast.

Selbst jetzt, während du dieses Buch liest und versuchst, etwas zu ändern, kann es sein, dass du unbewusst immer noch glaubst, dass du es niemals schaffen wirst. Wenn du aber nicht davon überzeugt bist, dass du es schaffst, wirst du es auch nicht schaffen. Unbewusst triffst du nämlich immer wieder Entscheidungen, die diese Glaubenssätze bestätigen und damit noch mehr festigen. Dein Unterbewusstsein, das gefüttert ist mit diesen Sätzen, sorgt permanent dafür, dass du auch entsprechend dieser Annahmen lebst, Entscheidungen triffst und dich in Situationen bringst, die diese Annahmen wiederum bestätigen.

Wie du negative Prägungen veränderst

Du solltest also unbedingt daran arbeiten, deine negativen Gedanken zu verändern. Und zwar mit folgender Übung:

- Schreibe dir zunächst einmal auf, was deine einschränkenden Glaubenssätze sind. Was ist es, das dich zurückhält? Sprich sie laut aus. Das fühlt sich vielleicht seltsam an. Aber so kannst du spüren, ob dies die Gedanken sind, die dich zurückhalten.
- Vielleicht beziehen sich deine negativen Gedanken nicht direkt auf dein Zuhause und deinen überflüssigen Kram. Vielleicht klingt es bei dir eher so: „Ich bin ständig gestresst und habe keinen Nerv,

mit meinen Kindern zu spielen.“ – „Nie schaffe ich das, was ich mir vornehme und ständig vergesse ich wichtige Dinge.“ – „Ich bin einfach faul und habe zu wenig Power.“ – „Andere schmeißen ihren Haushalt mit links, aber ich schaffe es einfach nicht.“

- Denke einmal über deine aktuelle Situation nach. Was hat dich dazu veranlasst, dieses Buch zu lesen? Was ist das größte Problem, mit dem du zu kämpfen hast? Möchtest du eine bessere Mama sein? Möchtest du nicht ständig mit Aufräumen und Putzen beschäftigt sein? Bist du komplett überfordert von den überflüssigen Dingen um dich herum?
- Schreibe auf, welche negativen Gedanken für dich schwer zu überwinden sind. Wie fühlst du dich dabei? Frage dich: Sind das, was ich da aufgeschrieben habe, Glaubenssätze, die mich einschränken, die mich in meiner aktuellen Situation festhalten?
- Werde dir dieser Glaubenssätze bewusst und arbeite daran, sie zu überwinden. So enttarnst du sie und kannst sie entkräften und in starke positive Sätze umwandeln.
- Schreibe dir diese positiven Wahrheiten auf.
- Mach es dir zur Gewohnheit, dir jeden Morgen diese positiven Sätze als Affirmation laut zu sagen. Das kann beispielsweise so aussehen: „Ich habe ein sauberes, ordentliches und freundliches Zuhause. Ich kann jederzeit spontan Besuch empfangen und freue mich darauf.“

Zugegeben, sich so etwas vorzusagen, wenn man mitten im Chaos steht, fühlt sich ziemlich komisch an, aber es ist sehr machtvoll. So veränderst du Schritt für Schritt deine Einstellung und überwindest deine einschränkenden Glaubenssätze. Glaube daran, dass es wirklich möglich ist und dass du es schaffen wirst! Du musst davon überzeugt sein, dass dein Ziel die Anstrengung wert ist.

Du musst den ersten kleinen Schritt gehen. Dann den nächsten ... und den nächsten ... und den nächsten.

Oft suchen die Menschen nach einer schnellen Lösung und nach „Geheimwissen“. Ich teile mit dir all mein Wissen in meinem Blog, meinen Büchern und Kursen und halte kein „geheimes Wissen“ zurück. Wenn es eine Art Geheimnis gibt, dann dieses: Ich habe daran geglaubt, dass ich es schaffen werde. Ich wusste, dass der Weg zu einem entrümpelten, ordentlichen und schönen Zuhause schwierig und zeitaufwendig sein würde. Aber ich wusste, dass es machbar war, und ich habe es geschafft. Und du kannst es auch schaffen!

Bitte überspringe diese Übung nicht, weil sie sich seltsam anfühlt. Versuche es. Es ist wirklich wichtig, an deiner Einstellung zu arbeiten, um diese große Veränderung in deinem Leben tatsächlich wahr zu machen.

Wenn dir das Loslassen schwerfällt

Man sollte eigentlich meinen, dass ausmisten leicht ist. Behalte nur das, was du brauchst und gern hast, gib alles andere weg – fertig!

So einfach ist es aber leider nicht. Vielen Menschen fällt es schwer, auszusortieren, sich von Dingen zu trennen und manches wegzuwerfen.

Ausmisten kann manchmal schmerzhaft und schwierig sein. Wenn du von dir und anderen Familienmitgliedern erwartest, dass ausmisten leicht sein muss, hindert euch das eher daran, mit dem Ausmisten anzufangen oder es durchzuziehen, weil du dich oder deine Familie dafür verurteilst, wenn es eben nicht leichtfällt.

Folgende Schritte können dir helfen, deine Schwierigkeiten beim Ausmisten zu überwinden.

Gestehe dir ein, dass es manchmal schwer ist

Ein erster Schritt, mit dem Aussortieren voranzukommen, besteht darin, dir einzugestehen, dass es dir schwerfällt. Es kann einfach wehtun, Dinge wegzugeben. Denn dann wird dir klar, dass du eine Hürde überwinden musst, um deinen Plan in die Tat umzusetzen. Diese Hürde zu überwinden, gelingt dir leichter, wenn du dir zunächst eingestehst, dass sie tatsächlich existiert.

Entscheide dich ganz bewusst dafür, die Erwartung loszulassen, dass Aussortieren und Entrümpeln immer leicht sein sollten. Es ist nicht immer und bei allem leicht. Und das ist okay so.

Hinterfrage Glaubenssätze zum Thema Ausmisten

Auch beim Aussortieren stehen uns oft Glaubenssätze wie die folgenden im Weg:

- Man darf Geschenke nicht weiterverschenken.
- Man muss behalten, was man sich einmal für viel Geld gekauft hat, auch wenn man es weder mag noch benutzt.
- Man darf Dinge, an denen Erinnerungen hängen, nicht wegwerfen.
- Man muss aufheben, was jemand anderes (deine Kinder!) mit viel Mühe gebastelt oder gebaut hat.

DEINE AUFGABE: HINTERFRAGE DEINE GLAUBENSSÄTZE

Es lohnt sich, seine Glaubenssätze übers Aussortieren zu hinterfragen. Frage dich also:

- Welche Glaubenssätze bezüglich des Ausmistens habe ich?
- Welche Gedanken halten mich davon ab, Sachen wegzugeben, die ich nicht mehr brauche oder nicht mehr mag?
- Sind diese Glaubenssätze sinnvoll oder nützlich für mich?
- Lohnt es sich, an diesem Glaubenssatz festzuhalten, oder kann ich ihn jetzt loslassen?

Betrachte den wahren Wert der Dinge

Ganz oft fällt es uns schwer, Dinge auszusortieren, für die wir einmal viel Geld bezahlt haben. Man bekommt das Gefühl, den Wert dieser Sachen mit Füßen zu treten, wenn man sie weggibt oder sogar in den Müll wirft. Es fühlt sich so an, als würde man das Geld selbst wegwerfen, das man dafür einst ausgegeben hat.

Verschwendung passiert aber nicht beim Ausmisten. Verschwendung ist bereits passiert, als du Dinge gekauft hast, die du nicht brauchst.

Dieser Wahrheit ins Gesicht zu sehen, kann wehtun. Aber es hilft dir auch, in Zukunft bessere Kaufentscheidungen zu treffen.

Wenn Dinge kaputt, veraltet, verrostet oder aus anderen Gründen nicht mehr zu gebrauchen sind, erfüllen sie ihre Aufgabe nicht mehr oder zumindest nicht mehr so, wie du es dir wünschst und vorstellst.

Den Wert, den sie einmal hatten, haben sie schlicht nicht mehr. Kannst du sie dann nicht guten Gewissens weggeben?

Falls der Punkt „Das hat aber Geld gekostet“ es dir oft schwer macht, Sachen wegzugeben, können dir die folgenden Fragen helfen:

- Welchen Wert hat dieses Ding heute wirklich noch für mich?
- Was gewinne ich, wenn ich den Gegenstand weggebe oder wegwerfe? Zum Beispiel mehr Platz oder dass ich mich nicht mehr ärgern und kein schlechtes Gewissen mehr haben muss, wenn ich diesen Gegenstand sehe.
- Ist das, was ich durch das Aussortieren gewinnen könnte, nicht viel wertvoller für mich als der Geldwert dieses Dings?

So gehst du mit belastenden Erinnerungen um

Wie viele Kartons möchtest du lieber gar nicht öffnen, geschweige denn aussortieren, weil du mit dem Inhalt belastende Erinnerungen verbindest? Vielleicht sind es Erinnerungsgegenstände aus einer schmerzhaft zu Ende gegangenen Beziehung oder Dinge, die dich an eine schwere Zeit erinnern.

Wenn dieser Punkt auf dich zutrifft, helfen dir folgende Fragen:

- Möchte ich immer wieder über diese Dinge stolpern oder will ich sie lieber jetzt ein für alle Mal aus dem Weg räumen, damit sie mich nicht weiter belasten können?

- Bringt es mir vielleicht einen Vorteil, mich mit diesen belastenden Erinnerungen ein letztes Mal auseinanderzusetzen? Wäre eine Ausmistaktion nicht genau das Richtige, um damit abzuschließen?
- Habe ich den Inhalt dieses Kartons nicht doch immer im Hinterkopf, sodass er mich die ganze Zeit unbewusst belastet? Wäre es nicht besser, mich jetzt bewusst damit auseinanderzusetzen und die Sachen dann aus dem Weg und vor allem auch aus dem Kopf zu haben?

Wenn du Angst hast, andere zu enttäuschen

Etwas wegzugeben, kann andere enttäuschen. Wie viele Dinge stehen in eurem Keller, euren Schränken oder auf dem Dachboden, weil ihr euch nicht traut, es wegzugeben?

Hast du Angst davor, andere zu enttäuschen, wenn du Selbstgebautes oder -gebasteltes und Geschenke entsorgst? Was ist, wenn Tante Frieda fragt, wieso die Vase, die sie euch zur Hochzeit geschenkt hat – ein unglaublich hässliches Ungetüm – nicht mehr auf der Kommode steht?

Wenn du damit zu kämpfen hast, dann können dir diese Fragen helfen:

- Welche Antwort könnte ich geben, wenn ich auf das fehlende Stück angesprochen werde?
- Wäre eine Lüge in dem Fall vertretbar? Kann ich der Tante sagen: „Die Vase ist runtergefallen und kaputtgegangen"?
- Was wäre, wenn ich die Wahrheit sagen würde? „Mir hat die Vase nicht mehr gefallen, deswegen habe ich sie weggegeben."
- Wie wichtig ist es mir, andere nicht zu enttäuschen? Komme ich damit klar, wenn jemand einmal enttäuscht von mir ist?
- Wäre die andere Person wirklich enttäuscht oder fürchte ich nur, sie könnte es sein, dabei macht es dem anderen in Wahrheit gar nichts aus?

Lerne, ein Risiko einzugehen

Wenn du dich schwer damit tust, etwas loszulassen, geht es oft um mögliche Bedenken, zum Beispiel:

- Wenn ich dieses Ding wegwerfe oder weggebe, könnte ich es später bereuen.
- Bestimmt brauche ich es einmal wieder.

Natürlich bleibt beim Ausmisten immer ein gewisses Risiko. Denn jede Entscheidung, etwas wegzuwerfen oder wegzugeben, ist eine endgültige Entscheidung (das ist ja eigentlich das Großartige daran). Und Entscheidungen bergen grundsätzlich das Risiko, dass die andere Option im Nachhinein besser gewesen wäre.

Es kann also sein, dass du später bereust, deine alten Fotoalben weggeworfen zu haben. Es kann sein, dass du das Fondue-Set vielleicht doch irgendwann noch einmal hättest gebrauchen können.

Dieses Risiko beim Aussortieren lässt sich nicht komplett vermeiden. Aber mit den folgenden Fragen kannst du es einmal ehrlich betrachten:

- Wie groß ist das Risiko ganz realistisch betrachtet?
- Was wäre das Schlimmste, was eintreten könnte?
- Käme ich damit zurecht? Wäre das auszuhalten?

Für die meisten Dinge wirst du feststellen, dass der schlimmste Fall, der eintreten könnte, kein Drama wäre.

Du bist nicht dein Besitz

Auch wenn clever gemachte Werbung dich das glauben machen will: Du bist nicht dein Besitz. Ob du nun dieses oder jenes Ding besitzt oder nicht, du bist und bleibst du.

Sei mal ehrlich: Wie viele Dinge, die du besitzt, hast du gekauft, um ein bestimmtes Image zu transportieren? Was sind deine Statussymbole?

Ist dein Auto ein einfaches Modell, das dich von A nach B bringt, oder hast du für ein Luxusmodell mehr als doppelt so viel bezahlt?

Kleidung eines Designerlabels macht dein Leben nicht lebenswerter oder glamouröser. Im Gegenteil: Die sogenannte Fast Fashion zwingt dich dazu, deinen Kleiderschrank jede Saison um die Must-haves und It-Pieces zu ergänzen. Ständig wechselnde Farben und Schnitte zeigen nämlich deutlich, wer die Trends von gestern trägt.

Ist die Größe und Ausstattung deines Zuhauses von den Bedürfnissen deiner Familie bestimmt, oder davon, die Nachbarn zu beeindrucken und allen zu zeigen, dass du es geschafft hast?

Es ist nicht gerade einfach, einen minimalistischen Lebensstil zu führen in einer Welt, die durch Konsum bestimmt ist. In unserer Gesellschaft messen wir Erfolg meist daran, wie viel materielle Güter wir anhäufen konnten.

Wenn wir ehrlich zu uns selbst sind, wissen wir jedoch, dass kein Produkt uns zu etwas machen kann, das wir nicht sind. Teure Kosmetikprodukte machen uns nicht zu Supermodels, die beste Nähmaschine nicht zur begnadeten Stoffartistin, das neueste Sportequipment nicht zur Läuferin und exquisite Küchengeräte nicht zum Profikoch.

Denke mal darüber nach: Wenn diese Dinge ihr Versprechen bis jetzt nicht gehalten haben, ist es nicht an der Zeit, sie gehen zu lassen?

Ausmisten ist besser als organisieren

Wir ersticken förmlich in zu viel Dingen und denken dann, wir sollten unser Zeug besser organisieren. Wir kaufen Ordnungsboxen, bessere Regale, neue Schränke und denken, das sei die Lösung unseres „Zu viel Zeug"-Problems. Aber das ist es leider nicht. Das „Leben mit weniger" schlägt das Organisieren um Längen, weil organisieren immer nur vorübergehend hilft.

Egal wie gut organisiert du bist, du musst dich trotzdem um alle Gegenstände kümmern, die du besitzt. Du musst sie sauber halten, ordnen und sortieren, und weil das Leben und deine Bedürfnisse sich ständig ändern, immer wieder neu organisieren.

Dinge zu organisieren, kann sich im ersten Moment sehr gut anfühlen. Das Spielzeug deiner Kinder liegt schön sortiert in den beschrifteten Körben, deine Socken liegen hübsch gefaltet an ihrem Platz im Kleiderschrank. Leider hält diese Ordnung meist nur vorübergehend. Du lebst mit anderen Menschen zusammen und musst zusehen, wie deine viele Arbeit wieder zunichtegemacht wird – manchmal innerhalb weniger Minuten. Das ist das Problem beim Organisieren. Du musst dranbleiben.

Unnötiges, nicht genutztes Zeug zu organisieren, kostet Lebenszeit und Energie. Auch was außerhalb deines Blickfeldes gelagert wird, bleibt trotzdem in deinem Hinterkopf präsent. Um dich mental zu befreien, musst du diese Dinge wirklich loswerden.

Ausmisten ist dauerhaft. Alles, was aus dem Haus ist, ist ein für alle Mal erledigt. Sofort hast du mehr Freiraum und Platz gewonnen.

Unordnung und überflüssiges Zeug haben sich über Jahre oder Monate langsam in deinem Zuhause aufgebaut und angehäuft, doch das ganze Ausmaß ist dir vielleicht plötzlich bewusst geworden. Dann hast du den Wunsch nach sofortiger Ordnung. Aber Ausmisten und Organisieren funktionieren nicht gleichzeitig. Zuerst brauchst du einen Überblick: Was wirst du wirklich behalten, was soll weg und wie viel Platz hast du dann, beziehungsweise möchtest du den Dingen dann einräumen?

Wenn du dein überflüssiges Zeug loswirst, kannst du dich auf die wichtigeren Bereiche deines Lebens konzentrieren. Du kannst mehr Zeit und Aufmerksamkeit auf deine Gesundheit richten, auf die Beziehungen zu anderen Menschen, kannst deinen Leidenschaften nachgehen und deine Träume verfolgen – anstatt wieder einmal den Keller neu zu organisieren.

Sobald der Überfluss aus dem Weg geräumt ist, ist die Organisation der verbliebenen Dinge sehr viel einfacher. Du brauchst keine komplizierten Ordnungssysteme, neue gleichförmige Kleiderbügel und eine Menge neuer Körbe, Kisten und Boxen, du brauchst vor allem weniger Zeug.

So erklärst du deiner Familie, was du vorhast

Bevor es ans konkrete Ausmisten geht, solltest du deiner Familie erklären, was du tun willst und warum, welche Veränderung du dir wünschst.

Dein gesamtes Zuhause auszumisten und dein Leben zu vereinfachen, ist ein richtig, richtig großes Projekt, das nicht innerhalb eines Wochenendes oder einer Woche erledigt sein wird. Schließlich wirst du alle überflüssigen Dinge aus jedem Bereich deines Hauses beseitigen, die sich über Jahre angesammelt haben.

Es ist sehr wichtig, dass du mit deiner Familie sprichst, bevor du dieses große Projekt angehst. Deine Familie muss sich bewusst sein, welche Veränderungen anstehen, und verstehen, was sie erwartet.

Dieses Projekt wird Zeit und konzentrierte Aufmerksamkeit von dir brauchen, und das sollte deine Familie wissen. Auch wenn sie zunächst nicht unbedingt mitziehen will, ist das okay. Es geht erst einmal darum, dass die Familienmitglieder Bescheid wissen, was du vorhast und warum.

So kannst du vorgehen:

- Lass sie wissen, warum du grundlegend ausmisten willst. Sage ihnen, dass du die Wochenenden in Zukunft lieber mit ihnen am Baggersee oder beim Wandern verbringen willst, anstatt zu Hause aufzuräumen und euren Besitz in Ordnung zu halten.
- Teile ihnen deinen Zeitplan mit. Möchtest du jeden Samstagvormittag nutzen, um auszumisten oder abends je eine Stunde, wenn die Kinder schlafen oder einen Nachmittag in der Woche?
- Prinzipiell ist es wichtig, dass jede Person in eurem Haushalt eigene Bereiche für ihre persönlichen Dinge bekommt. So braucht erstens niemand Sorge zu haben, dass wichtige Dinge über ihn hinweg ausgemistet werden. Zweitens helfen solche Begrenzungen dabei, dass jeder die Verantwortung für seine eigenen Dinge übernimmt. Das Ziel ist, persönliche Habseligkeiten in seinen Grenzen und gemeinschaftlich genutzte Bereiche in Ordnung zu halten.
- Auch wenn deine Kinder noch sehr jung sind, hilft es ihnen, wenn du ihnen erklärst, dass du ein richtig großes Projekt angehst und ihre Unterstützung brauchst.
- Wenn du mit deiner Familie über deine Pläne sprichst, ist es wichtig, positiv zu bleiben und ihnen zu zeigen, dass du dich darauf freust. Achte gut darauf, dass deine Kinder den Prozess des Ausmistens und Vereinfachens nicht als Strafe verstehen, so als ob du

ihnen alles Spielzeug wegnimmst, weil sie nicht brav waren oder so in der Art.

- Deine Kinder können wahrscheinlich wenig damit anfangen, wenn du ihnen von einem aufgeräumten Zuhause vorschwärmst. Sie verstehen viel besser, dass du mehr Zeit für sie haben willst und darum alles unnötige Zeug loswerden willst, dass dir so viel Arbeit macht und dich davon abhält. Sage ihnen, dass du möchtest, dass sie endlich mehr Platz zum Spielen haben. Teile mit deiner Familie deine Freude und Aufregung darüber, dass du diese wichtige Veränderung in eurem Leben tatsächlich angehst.
- Wichtig ist vor allem, dass du geduldig bleibst und deinen Kindern vorlebst, was du predigst. Kinder lernen so viel, indem sie ihre Eltern beobachten und imitieren. Zeig ihnen, dass sich in deinem Leben nicht alles um materielle Dinge dreht, und sie werden dir folgen. Lasse deine eigenen Dinge los, lasse sie die Veränderung in deinem Kaufverhalten erleben und zeige ihnen, dass Erlebnisse viel wertvoller sind als Dinge.

Was, wenn deine Familie nicht mitzieht?

Es kann passieren, dass deine Familie nicht gerade Feuer und Flamme ist, wenn du ihnen von deinen Plänen erzählst. Ich möchte dir zeigen, wie du mit Widerstand umgehst und trotzdem deinen Alltag enorm erleichtern kannst.

So erklärst du's deinem Partner

Vielleicht ist dein Partner nicht begeistert, wenn du ihm erzählst, dass du einen minimalistischen Lebensstil anstreben willst. Das könnte daran liegen, dass er völlig falsche Vorstellungen davon hat, was das für eure Familie bedeuten würde.

Vielleicht denkt er, Minimalismus bedeutet kalte, leere Räume und nicht mehr als 100 Dinge zu besitzen – eine Form selbst gewählten „Elends". Ihm ist vielleicht nicht bewusst, dass Minimalismus bedeutet, Überflüssiges gehen zu lassen, um sich auf das konzentrieren zu können, was einem wirklich wichtig ist.

So kannst du vorgehen:

- Versuche ihm zu erklären, welche Verbesserung in eurem Leben du dir erhoffst und wie du dir euer zukünftiges Leben vorstellst. Vielleicht kann er es dann besser nachvollziehen, warum du das tun möchtest. Falls nicht, wäre es allerdings eine schlechte Taktik so lange an ihm herumzunörgeln, bis er aufgibt und mitzieht. Eure unterschiedlichen Auffassungen zu dem Thema sollten euch nicht entzweien.
- Beginne einfach mit deinen eigenen Dingen und arbeite dich durch eure gemeinsam genutzten Sachen. Bei Dingen, die keiner spezifischen Person gehören und die von geringem Wert sind, kannst du alleine entscheiden. Wenn du bei jedem angeschlagenen Teller oder abgenutztem Handtuch alle um ihre Meinung

fragst, findest du bestimmt jemanden, der das olle Ding behalten will. Die Dinge, die deinem Partner gehören, lässt du, wo sie sind, oder du bittest ihn, sie an einem anderen Ort aufzubewahren, wo sie besser aufgehoben wären.

- Bitte sortiere niemals Sachen aus, die deinem Partner gehören, ohne ihn zu fragen – selbst wenn du denkst, er würde es sowieso nicht merken. Wenn es an den eigenen Kram geht, hört bei den meisten der Spaß auf. Auch wenn du es nur gut meinst, ist das der schnellste Weg, Misstrauen und Ablehnung zu erzeugen und dein Ziel in weite Ferne rücken zu lassen.
- Im nächsten Schritt minimierst du die Sachen der Kinder (je nach deren Alter mit ihnen gemeinsam) und ich bin sicher, dass allein das dir im Alltag eine unglaubliche Erleichterung schafft.
- Sicher wird dein Partner bemerken, wie viel besser es dir geht, wie viel fröhlicher und zufriedener du bist. Er wird die übersichtliche Küchenschublade bemerken und wie luftig und ordentlich deine Seite des Kleiderschranks ist. Vielleicht sagt er sich dann auch: „Da scheint doch was dran zu sein, an dieser ganzen Minimalismus-Sache“ und zieht mit. Das macht das Vorhaben natürlich viel einfacher.
- Du kannst auch einfach dieses Buch an einem auffälligen Platz liegen lassen. Vielleicht denkt er anders über deine Pläne, wenn er etwas über diese Idee liest. Du könntest auch Blog- oder Zeitungsartikel mit ihm teilen, um sein Interesse zu wecken.
- Erzähle ihm immer wieder, wie du mit deinen eigenen Sachen vorangekommen bist und wie gut sich das anfühlt. Aber bleibe dabei wirklich bei deinen Dingen und wirf ihm nicht vor, dass er immer noch viel zu viel Zeug hortet. Vielleicht liefert ihm das genug Inspiration, es dir nachzutun.
- Mache dir auch einmal Gedanken darüber, welche Aspekte eines minimalistischen Lebensstils deinen Partner besonders ansprechen würden, wie z.B. Dinge zu verkaufen, um sich vom Erlös eine Reise leisten zu können oder unnötigen Konsum zu verringern, um früher in Rente gehen zu können.

- Gib deinem Mann positive Rückmeldung, wenn er anfängt, seine Sachen auszumisten. Sag ihm, wie sehr du dich darüber freust, dass er jetzt wieder so viel Platz in seinem Kleiderschrank hat.

Aber selbst wenn dein Partner seine Meinung nicht ändern sollte, kannst du trotzdem die positiven Auswirkungen auf dein Leben erfahren, auch wenn der Schrank deines Mannes weiterhin aus allen Nähten platzt. Bleib weiterhin positiv und zeige ihm, wie sehr dich der Minimalismus zum Positiven verändert.

Selbst, wenn er nie etwas ändern sollte, ist das nicht das Ende der Welt. Du kannst dein Projekt trotzdem durchziehen und wirst dein Zuhause und dein Leben dennoch sehr zum Positiven verändern.

So erklärst du's deinen Kindern

Was kannst du nun tun, wenn deine Kinder nicht mitziehen wollen und nicht bereit sind, sich von etwas zu trennen?

Es geht mir hier nicht darum, dir Erziehungsratschläge zu geben, sondern ich möchte dir erzählen, was bei mir funktioniert hat und bis heute funktioniert. Pick dir einfach das heraus, was für dich und deine Familie passt.

- Erkläre auch deinen Kindern, was du tust und warum. Zeige ihnen die Vorteile auf, wie: weniger aufräumen müssen, schneller Lieblingssachen finden, mehr gemeinsam als Familie unternehmen, weil ihr nicht mehr so viel unnötiges Zeug kaufen werdet. Erkläre ihnen, dass diese Veränderung eine sehr positive sein wird. Sag ihnen, dass es nicht deine Absicht ist, ihnen etwas wegzunehmen und erkläre ihnen, dass du ihre Unterstützung brauchst, dass ihr als Familie ein Team seid.
- Ich würde die Kinder nicht dazu zwingen, etwas wegzugeben, wenn sie nicht dazu bereit sind. Wenn ein etwas älteres Kind, sagen wir so ab 6 Jahren, absolut nicht mitziehen will, kannst du ihm erklären, dass es ab sofort dafür verantwortlich ist, seine Sachen komplett alleine aufzuräumen. Sag ihm, dass du erwartest, dass die Sachen nicht überall im Haus herumliegen und wann du erwartest, dass aufgeräumt wird, z. B. jeden Abend. Sollte das deinem Kind doch zu viel werden und du merkst, dass es einfach damit überfordert ist, kannst du noch mal mit ihm sprechen, zum Beispiel so: „Sich um diese ganzen Sachen zu kümmern, ist ganz schön schwierig und anstrengend. Ich sehe, dass es dir schwerfällt. Wenn du möchtest, können wir deine Sachen zusammen durchsehen und überlegen, welche Sachen du auf jeden Fall behalten möchtest und ob nicht doch einige Dinge dabei sind, die wir weggeben können, damit du nicht so viel aufräumen musst."

- Sehr gut funktionieren auch räumliche Begrenzungen, die du deinem Kind setzt. Es darf selbst entscheiden, welche Sachen es behalten möchte. Voraussetzung ist, dass alles, z. B. in ein Regal, in eine bestimmte Anzahl Kisten oder einen Schrank passt.
- Es kann sehr hilfreich sein, vor allem wenn man mit den Kindern gemeinsam entrümpelt, zu fragen: „Welche zwei Puppen möchtest du unbedingt behalten?“ anstatt „Welche Puppen können wir weggeben?“ So kannst du den Fokus auf die Spielzeuge lenken, die den Kindern wichtig sind. Das hilft ihnen zu erkennen, woran ihr Herz wirklich hängt und was ihnen eigentlich gar nicht so wichtig ist.
- Wenn du mit den Kindern dann noch besprichst, wohin die aussortierten Sachen kommen, z. B. zu Kindern, die kaum etwas zu spielen haben oder dass ihr sie verkauft, damit die Kinder das Geld für einen größeren Wunsch sparen können, werden sie sich leichter von Dingen trennen können.

Zeit findest du nicht, du musst sie dir nehmen

Zu Hause nur noch von Dingen umgeben sein, die du liebst und gerne benutzt. Kein Kram mehr, keine überflüssigen und heimatlosen Sachen mehr, die durchs Haus wandern. Das klingt wunderbar! Für dich scheint das aber auch unerreichbar fern?

Wenn du bereits jeden Tag mehr als genug zu tun hast und du dir häufiger wünschst, dein Tag hätte ein paar Stunden mehr, damit du alles schaffst, dann ist es schwer, dir vorzustellen, wo du nun auch noch Zeit fürs Ausmisten hernehmen sollst.

Aber ich sage es dir ganz ehrlich: Du hast die Zeit, die du dir nimmst. Du bestimmst über deine Zeit. Es liegt tatsächlich in deiner Hand. Du entscheidest dich täglich aufs Neue, wie du sie nutzt. Es ist ganz wichtig, dass du nicht die Rolle des Opfers deiner Zeit spielst. Du wirst nicht zufällig auf der Straße über ein Päckchen Zeit stolpern. Wenn du darauf wartest, dass du irgendwann einmal Zeit zum Ausmisten findest, wird es nie passieren. Du musst dir die Zeit bewusst nehmen. Eine Veränderung dieser Größenordnung passiert nicht einfach so und ist nicht immer leicht. Im Gegenteil, es ist harte Arbeit.

Sagt dir der Begriff ROI etwas? ROI bedeutet Return on Investment. Das ist eine betriebswirtschaftliche Kennzahl und bezeichnet die prozentuale Relation zwischen Investition und Gewinn. In diesem Fall geht es um die Investition deiner Zeit und darum, welchen Gewinn du damit erzielst.

Dein Zuhause wirklich grundlegend von Überflüssigem zu befreien, ist keine leichte Aufgabe, aber eine absolut lohnenswerte. Die Zeit, die du damit verbringst, auszumisten, wirst du danach um ein Vielfaches wiederbekommen, weil das Aufräumen und Saubermachen viel schneller geht und du viel seltener Dinge suchen musst. Du wirst dich insgesamt viel wohler fühlen.

Das zu verstehen, kann dir helfen, diesem Projekt die Priorität zu geben, die es verdient, und die nötige Zeit zu investieren, weil du weißt, dass du am Ende viel mehr rausbekommen wirst.

Woher nimmst du nun aber die Zeit, die du für diese wichtige Aufgabe brauchst, auch wenn dein Zeitplan eigentlich nichts mehr hergibt?

Wenn du dich in einer Lebensphase befindest, in der du jeden Tag extrem unter Zeitdruck stehst und eingespannt bist von dem Moment, in dem du aufstehst, bis zu dem Moment, an dem du abends erschöpft ins Bett fällst?

Selbst dann gibt es ein paar Optionen, auch wenn sie vielleicht nicht optimal sind:

DEINE AUFGABE: SCHAFFE DIR ZEITFENSTER

Erkläre das Projekt „Ausmisten" zur absoluten Priorität und überlege, wie du die nötigen Zeitfenster schaffen kannst.

1. Wenn du berufstätig bist: Hast du die Möglichkeit einen oder mehrere Tage freizunehmen? Du kannst dir wahrscheinlich Schöneres vorstellen, als Urlaubstage zum Ausmisten zu verwenden, aber überlege, ob es dir das Ergebnis nicht vielleicht doch wert ist. Wie sehr und wie schnell willst du Fortschritte machen?
2. Vielleicht kannst du dir für die nächsten Wochen auch den Samstagvormittag reservieren? Oder vielleicht auch nur einen Samstag im Monat und du kannst damit leben, dass der Prozess entsprechend länger dauert?
3. Könntest du dir für einen Nachmittag in der Woche einen Babysitter leisten, der es dir ermöglicht, regelmäßig an deiner Aufgabe dranzubleiben?
4. Könntest du einen oder mehrere Abende pro Woche etwas länger wach bleiben, oder den Fernseher abends ausgeschaltet lassen und stattdessen ausmisten, um Fortschritte zu machen?
5. Wenn größere Zeitabschnitte absolut nicht machbar sind, dann helfen auch schon fünfzehn Minuten. Wann immer sich ein kleines Zeitfenster auftut, nutze diese Gelegenheit!

Auf irgendeine Weise wirst du die Zeit investieren müssen, um deinem Ziel näher zu kommen.

Werde kreativ und schaffe dir den Raum, den du brauchst, um dein Zuhause Stück für Stück auszumisten und in ein gemütliches Daheim zu verwandeln. Denke dran, es ist die Mühe allemal wert. Und du wirst nicht für den Rest deines Lebens ausmisten müssen. Es ist nur vorübergehend.

Es ist machbar. Du schaffst das! Werde kreativ, schaffe dir die nötigen Zeitfenster und lege los!

Mit Kindern im Schlepptau ausmisten

Minimalismus bedeutet Freiheit, denn es bedeutet das unnötige Zeug loszuwerden, das dich stresst. Das Chaos in deinem Zuhause zu überwinden, ist eine große Aufgabe, und gerade am Anfang kann sie einen überfordern – und mit kleinen Kindern im Schlepptau noch viel mehr.

Ich war stellenweise extrem frustriert, als ich unser Zuhause ausgemistet habe. Die Fortschritte waren schleppend, alles ging mir zu langsam. Mit kleinen Kindern im Haus auszumisten, ist keine leichte Aufgabe. Das kann ich dir aus Erfahrung sagen.

Was kannst du also tun, wenn dir ein kleines Kind oder gleich mehrere Kinder am Bein hängen, auf den Arm wollen oder hinter dir alles wieder ausräumen?

So gelingt das Ausmisten mit Kindern zusammen

- Vielleicht sind deine Kinder ja schon groß genug, um eine halbe Stunde oder Stunde fernzusehen? In diesem Fall finde ich es gar keine schlechte Idee, den Fernseher mal babysitten zu lassen. Es ist ja nur für eine gewisse Zeit, ein- oder zweimal die Woche vielleicht. Und bestimmt genießen es deine Kinder auch, wenn du Getränke und Popcorn servierst und das Ganze extra schön gestaltest.
- Du könntest eine Kiste mit kleinen Spielzeugen zusammenstellen, die du nur in solchen Fällen hervorholst, damit sie interessant bleiben.
- Das Baby kannst du dir vielleicht auf den Rücken binden, um beide Hände frei zu haben. So haben meine Kinder als Babys am besten geschlafen, mit etwas Glück sogar zwei Stunden am Stück.

- Versuche deine Kinder so gut es geht mit einzubeziehen. Meistens werden deine Kinder einfach bei dir sein wollen. Du kannst Papierstapel auch gut mit Kind auf dem Schoß durchsehen oder ihm Malsachen bereitlegen und es neben dir malen und werkeln lassen. Vielleicht mögen deine Kinder auch helfen, Sachen auf die verschiedenen Stapel zu sortieren, vor allem Kleinkinder lieben ja solche Sortierspiele. Ihr könnt auch ein neues Hörspiel gemeinsam anhören. Auch ein kleines Picknick auf einer Decke auf dem Fußboden kann euch diese Zeit versüßen.
- Mit den Kindern zusammen auszumisten, dauert sehr wahrscheinlich etwas länger, ist es aber absolut wert. Schließlich willst du ja mehr wertvolle Zeit mit deinen Kindern verbringen. Warum also nicht gleich damit anfangen? Nimm den Druck raus, dass du unbedingt alleine und völlig konzentriert arbeiten musst. Ich wette, deine Kinder werden diese gemeinsame Zeit sehr genießen.
- Wenn du Bereiche ausmisten möchtest, bei denen du deine Kinder nicht gebrauchen kannst, oder einmal schnell vorankommen möchtest, miste aus, während die Kinder schlafen. Mittagsschlafzeit bei Babys und Kleinkindern ist super „Ausmistzeit".
- Hole dir Unterstützung. Vielleicht gibt es eine Oma in der Nähe, die sich freut, einmal oder mehrmals in der Woche die Enkelkinder zu umsorgen. Vereinbare am besten feste Zeiten mit ihr, und nutze die Zeit fürs Ausmisten.
- Versuche, locker zu bleiben, auch wenn du dieses Projekt so schnell wie möglich durchziehen willst. Gerade wenn deine Kinder noch sehr klein sind, wenn du ein Baby hast oder schwanger bist, dann ist diese Aufgabe noch mal schwerer. Das kann bedeuten, dass du die Dinge einfach langsamer angehen musst. Arbeite dich in 10-bis-15-Minuten-Projekten vorwärts, jedes bisschen zählt.

Überlege also, welche Lösung oder welche Kombination aus diesen verschiedenen Lösungsmöglichkeiten zu dir und deiner Situation passt, und setze sie um.

Wenn dir das Anfangen schwerfällt

Wenn du dich in deinem Zuhause umschaust und merkst, wie viel Arbeit vor dir liegt, kann es passieren, dass du das Gefühl bekommst, nicht zu wissen, wie du das jemals schaffen sollst.

Keine Panik! Das ist völlig normal, das ist völlig okay. Ich helfe dir Schritt für Schritt, da durchzukommen.

Ein Zuhause komplett auszumisten, ist harte Arbeit und braucht seine Zeit. Du hast Jahre gebraucht, diese Dinge anzusammeln, die zur jetzigen Situation geführt haben. Darum wird diese Veränderung auch nicht über Nacht passieren. Aber deine Zeit und Mühe sind in diesem Projekt gut investiert. Es ist es absolut wert.

Wenn du dich jetzt sehr überfordert fühlst, kann es hilfreich sein, nicht nach Räumen vorzugehen, wie ich es sonst gerne empfehle. In diesem Fall, wenn es wirklich zu viel Zeug ist, von dem wir da sprechen, ist es am besten in Wellen vorzugehen.

AUSMISTEN IN WELLEN

1. Gehe dazu einmal durch deine gesamte Wohnung. Du musst fürs Erste keine Schränke oder Schubladen öffnen. Sieh dir einfach die Räume und die Dinge darin genauer an. Was fällt dir auf?
   - Ist es mehr unnötiges Zeug, als du dir vorgestellt hast? Oder weniger?
   - Welche Räume nutzt deine Familie am meisten? Welche Räume beinhalten die meisten Dinge?
   - Lass dich vom bloßen Anblick der Menge nicht überfordern. Sage dir stattdessen: „Ich kann das schaffen. Ich habe die Kontrolle über mein Zuhause. Jetzt kommt meine Chance, es so zu gestalten, wie ich es nutzen möchte."

2. Schnappe dir einen leeren Wäschekorb oder Karton und gehe einmal durch die ganze Wohnung. Alles, was dir direkt ins Auge springt, von dem du weißt, du braucht es nicht mehr, packst du in den Karton. Bei der nächsten Gelegenheit drehst du wieder deine Runde. Dabei wiederholst du das Ganze. Du arbeitest also in Wellen.
3. Nach jedem Durchgang entsorgst oder spendest du den Inhalt des Kartons. Stelle sicher, dass du die Dinge auf jeden Fall so bald wie möglich aus dem Haus schaffst, und halte sie unbedingt außer Reichweite deiner Kinder. Sonst kannst du gar nicht so schnell schauen, wie deine Kinder die Sachen wieder herausziehen und überall auf dem Fußboden verteilen.
4. Mit jedem Durchgang wird es schwerer werden, Dinge zu finden, die ganz offensichtlich nicht mehr gebraucht werden. Wenn du anfängst, dich schwerzutun, ist die Zeit gekommen, nach Räumen vorzugehen und weiter ins Detail zu gehen.
5. Wichtig ist es, dass du einen Anfang findest. Das klappt mit dieser Methode besonders gut. Es hilft dir, ein Stück weit den Kopf auszuschalten, all deine Zweifel loszulassen und einfach anzufangen. Außerdem siehst du so schnell die ersten Fortschritte. Das gibt dir zusätzliche Motivation.

Eine andere Möglichkeit, dich zu motivieren, ist es dir selbst Zeitfenster fürs Ausmisten zu geben (siehe Kapitel „Zeit findest du nicht, du musst sie dir nehmen"). Trage diese Termine fest in deinen Kalender ein.

Lasse dich nicht dadurch stoppen, dass du dich bei manchen Gegenständen einfach nicht entscheiden kannst, was mit ihnen passieren soll. Bevor du damit zu viel Zeit verlierst, packe solche Gegenstände in einen Karton und stelle sie in die Garage oder den Keller – aber nur für einen sehr begrenzten Zeitraum. Stelle dir eine Erinnerung ins Handy oder mach einen Eintrag im Kalender, sagen wir für in vier Wochen, und sieh dir nach diesem Zeitraum die Sachen noch einmal durch. Wenn du sie bis jetzt nicht gebraucht hast, stehen die Chancen gut, dass du die Entscheidung treffen kannst, sie gehen zu lassen. Aber bitte mach das nicht mit allen Gegenständen, sondern wirklich nur bei den Dingen, bei denen du dich extrem schwertust mit einer Entscheidung.

Wichtig ist: Finde einen Anfang und lass dich nicht von schwierigen Entscheidungen aufhalten. Nimm dieses Projekt ernst und setze dir feste Zeiten, damit du dranbleibst und schnell erste Fortschritte siehst, die dich motivieren weiterzumachen.

Und nicht vergessen: Feiere deine Erfolge! Auch wenn sie noch so klein scheinen mögen, du bist auf dem Weg!

Allgemeine Vorgehensweise beim Ausmisten

Nach der ersten Runde, die du durch dein Zuhause gedreht hast, geht es nun weiter in die Tiefe. Es geht nun Raum für Raum weiter. Du wirst dir einige, teils schwierigere Fragen stellen müssen. Was soll bleiben? Was kann gehen? Welche Dinge sind wertvoll in meinem Leben? Welche Dinge halten mich von Wichtigerem ab? Wie viele Dinge halten mich von dem ab, was ich auf die Frage nach meinem „Warum" herausgefunden habe?

Angesichts des Überflusses, der dich umgibt, schaust du dich vielleicht ratlos um und schlägst die Hände über dem Kopf zusammen. Da hängen so viele Erinnerungen und damit Emotionen an den Gegenständen. Natürlich liegen die Erinnerungen nicht in den Dingen, sondern in dir selbst. Trotzdem ist es schwer, sie loszulassen. Aber es ist nicht unmöglich.

Wenn du jetzt dein Zuhause vereinfachen und grundlegend ausmisten möchtest, ist es wichtig, nicht gerade bei Erinnerungsstücken zu beginnen. Auch schwierige, viel zu große und darum schnell überfordernde Bereiche wie Keller oder Dachboden lässt du zunächst außen vor und nimmst sie dir erst gegen Ende vor.

Stattdessen arbeitest du dich vom leichtesten Bereich zu den schwierigeren Bereichen vor.

Richtschnur fürs Ausmisten

Zunächst möchte ich dir ein paar allgemeine Grundlagen nennen, die du als Richtschnur für alle Bereiche nehmen kannst, die du ausmisten möchtest:

1. Bestandsaufnahme: Zu viele Ecken sind zum Abladeplatz für allerlei unnützes Zeug geworden und einiges ist eigentlich unpraktisch oder sogar kaputt. Schnapp dir Zettel und Stift, mache einen Hausrundgang und notiere alles, was dir auffällt! Wo sind die „Problemzonen"? Wo gibt es Chaos-Ecken? Welche Schränke sind heillos überfüllt und wo belastet dich das Zeug jeden Tag? Du gehst also mit kritischem Blick durchs Haus, um die Dinge zu identifizieren, die dich und vielleicht auch deine Familie nerven.
2. Manchmal hilft es, von den einzelnen Zimmern erst einmal Fotos zu machen, weil man im eigenen Haushalt quasi „betriebsblind" ist. Darauf erkennt man dann leichter störende Dinge: Was liegt da eigentlich auf dem Schrank? Warum stapeln wir in der Ecke ungelesene Zeitschriften? Unser Kühlschrank ist vor lauter Zetteln und Fotos kaum mehr zu erkennen? Vieles, was man im Alltag übersieht, ist auf Fotos klar erkennbar. Außerdem kannst du dir mit diesen Vorher-Fotos deine Fortschritte später deutlich machen. Man gewöhnt sich schnell an seine Umgebung, sowohl an Unordnung als auch an Ordnung. Dabei vergisst man leicht, wie es vor dem Ausmisten ausgesehen hat. Dir bildlich vor Augen zu führen, was du bereits geleistet hast, kann dir einen gewaltigen Motivationsschub geben und entscheidend dafür sein, dass du bis zum Ende durchhältst. Also Kamera gezückt und losgeknipst!
3. Überlege, wie ihr in eurem Zuhause die einzelnen Räume nutzen möchtet. Was soll hier stattfinden, wer nutzt den Raum wann und womit? Stell dir dein Idealbild vor, wie der Raum fertig eingerichtet aussehen soll. Wie soll der Raum aussehen, wie soll er sich anfühlen? (Hilfreich ist da dein Vision Board, das kannst du übrigens auch für jeden Raum separat erstellen.) Daraus kannst du ableiten, was dort aufbewahrt werden soll. Wenn ihr z. B. das Wohnzimmer zum Lesen, Gäste empfangen und Gesellschaftsspiele spielen nutzt, dann gehören hier z. B. Bücher und Spiele hin.
4. Fange mit den großen Sachen an. Wird in diesem Raum eigentlich jedes Möbelstück regelmäßig benutzt? Oder gibt es hier Teile, die

zwar schon immer da sind, aber keine wirkliche Funktion haben? Nur weil alle anderen einen Sofatisch haben, heißt das nicht, dass ihr auch unbedingt einen braucht. Vielleicht nutzt ihr ihn sowieso nicht, außer als Kramablage und vielleicht wäre der Platz, den er einnimmt, für euch viel wertvoller, z. B. damit die Kinder mehr Platz zum Spielen haben?

5. Wenn du dir nun einen Bereich zum Entrümpeln vornimmst, z. B. einen Schrank, nimm alles, wirklich alles heraus und mache drei Stapel oder stelle drei Kartons oder Kisten bereit für ...
   - Dinge, die du behalten möchtest und die in diesen Bereich gehören,
   - Dinge, die an einen anderen Platz in deinem Zuhause gehören,
   - Dinge, die weg sollen.
6. Nachdem du durchsortiert hast, bringe die Dinge, die du in diesem Bereich behalten möchtest, an ihren Platz zurück. Im Idealfall bewahrst du sie so auf, dass sie nicht ständig sichtbar sind, also hinter Schranktüren, in Schubladen, Körben. Das sorgt optisch für weniger Ablenkung.
7. Die Aufbewahrung sollte möglichst praktisch sein, also sich dort befinden, wo ihr den Gegenstand nutzt. Sie sollte möglichst einfach zu erreichen sein oder gerade für die Kinder nicht zu erreichen. Sachen, die oft genutzt werden, bekommen die besten Positionen. Selten Genutztes kann weiter oben oder hinten aufbewahrt werden, eventuell auch im Keller oder auf dem Dachboden (Weihnachtsdeko z. B.). Du kannst dir und deiner Familie dabei auch räumliche Grenzen setzen, beispielsweise: Wir behalten so viele Bücher, wie in dieses Bücherregal passen.
8. Am besten ist es, wenn du Gleiches mit Gleichem aufbewahrst, also alle Schuhe an einem Ort, alle Bastelmaterialien an einem Ort, alle Stifte an einem Ort. Das hilft dir, auf einen Blick zu sehen, wie viel du wovon besitzt, und es verhindert, dass du Dinge lange suchen musst oder dass du etwas kaufst, was du eigentlich bereits besitzt, aber nicht finden konntest.

9. Als Nächstes bringst du die Dinge, die an einen anderen Platz gehören, dorthin. Solltest du dort im Moment noch keine passende Aufbewahrungslösung oder schlicht noch keinen Platz haben, lasse sie zunächst noch in der Kiste (beschriften nicht vergessen!) und stelle sie vorübergehend an einen Platz, der möglichst für die Kinder unzugänglich ist. Ansonsten kann es dir passieren, dass sie das Zeug wieder überall verteilen.
10. Zuletzt entscheidest du, was mit den Dingen passieren soll, die wegkönnen und sortierst sie in: spenden, verkaufen, verschenken, entsorgen (so weit wie möglich sollten sie natürlich recycelt werden). Sorge nun dafür, dass die Dinge so schnell wie möglich aus dem Haus kommen. Im Kapitel „Wohin mit den aussortierten Sachen?“ erfährst du im Detail, wohin du die aussortierten Dinge geben kannst.
11. Am Anfang fällt es dir wahrscheinlich noch schwer, die nötigen Entscheidungen zu treffen. Aber du wirst sehen: Es wird leichter und leichter mit jedem Bereich, den du angehst.
12. Ganz wichtig: Springe bitte nicht von Raum zu Raum oder von Bereich zu Bereich. Mache zuerst einen Bereich fertig und gehe dann zum nächsten. Dein Ziel sollte stets sein, so viele Dinge wie möglich auf dem „Kann weg“-Stapel zu haben.
13. Eine wichtige Ursache für das Anhäufen von Dingen, die du nicht brauchst, sind aufgeschobene Entscheidungen und nicht zu Ende gebrachte Vorhaben. Darum bringe zu Ende, was du angefangen hast. Bevor du ein neues Projekt angehst, schließe das aktuelle Projekt ab. Dazu gehört nicht nur das Aussortieren. Dein aktuelles Projekt ist erst beendet, wenn alles, was bleibt, an seinem Platz ist, und wenn alles, was geht, aus dem Haus ist.

Was, wenn ich das noch mal brauche?

Oft halten wir an Dingen fest, nur für den Fall, dass wir sie brauchen könnten. Wir schaffen es nicht, sie loszulassen, weil wir sie in einer weit entfernten, hypothetischen Zukunft brauchen könnten. Genauso packen wir viel zu viel ein, wenn wir verreisen, nur für den Fall, dass wir die Sachen brauchen.

Die Wahrheit ist, diese Dinge wirst du in den seltensten Fällen wirklich nutzen. Lass sie also gehen und freu dich über den Platz, den das schafft für das, was du wirklich brauchst und benutzt.

DIESE FRAGEN HELFEN DIR, EINEN GEGENSTAND GEHEN ZU LASSEN

1. Habe ich diesen Gegenstand im letzten Jahr benutzt?
2. Wollte ich den Gegenstand ursprünglich überhaupt, oder hat er „einfach so" seinen Weg zu mir gefunden?
3. Könnte ich diesen Gegenstand für weniger als 20 € ersetzen oder leihen, sollte ich ihn doch einmal brauchen?
4. Würde ich dieses Ding noch mal kaufen, wenn es kaputtgehen würde oder ich es verlieren würde? Wäre ich vielleicht sogar froh, es los zu sein?
5. Behalte ich das, weil ich Schuldgefühle habe?
6. Wenn mir jemand den Gegenstand abkaufen würde, würde ich ihn dann hergeben?
7. Könnte jemand anderes den Gegenstand besser gebrauchen als ich und würde sich darüber freuen?
8. Möchte ich mich noch mal mit diesen Gegenstand befassen müssen, oder treffe ich lieber jetzt eine Entscheidung?

Im Zweifel gilt hier gegen den Angeklagten, raus mit dem Zeug!

Wohin mit den aussortierten Sachen?

Nach dem Ausmisten sitzt du vor einem kunterbunten Berg an für dich nutzlos gewordenen Dingen. Wohin damit? Damit das Loswerden der Sachen keine zu große Hürde für dich ist, habe ich hier ein paar Anregungen, wie du deine ausrangierten Sachen an andere Menschen weitergeben kannst. Dieses Weitergeben kann mal schnell gehen, manchmal aber auch etwas länger dauern.

Ganz wichtig ist es, die Anlaufstellen vor dem Ausmisten festzulegen. Wenn du dir einmal die Mühe gemacht hast, dir zu überlegen, wohin die ganzen Sachen kommen, dann hast du den Kopf frei fürs Ausmisten.

Anlaufstellen für aussortierte Sachen

Bücher

- In einen **öffentlichen Bücherschrank** geben.
- **Weiterverkaufen.** Das geht z. B. über momox: Hier können Bücher, CDs, Videospiele und Co. schnell und unkompliziert verkauft werden. Sammeln, Code einscannen und den vorgeschlagenen Preis bestätigen. Alles in eine Kiste packen (ohne Versandkosten) und wegschicken. Auf die Verbuchung warten – fertig.
- **Der Bücherei spenden.** Der Clou dabei ist: Ihr könnt die Bücher nach Lust und Laune wieder ausleihen. Das geht übrigens auch mit vielen Zeitschriften.

Kleidung

- **Kleiderkreisel:** Tauschbörse für Kleidung und Accessoires ist eine klasse Alternative zu eBay, wenn es um tauschen, verkaufen und verschenken geht.
- **Secondhandläden:** Wirklich gut erhaltene Markenkleidung kannst du in den Secondhandladen bringen. Es bedeutet ein relativ stressfreies Verkaufen, da du einfach nach zwei bis drei Monaten

deinen Anteil an den verkauften Kleidungsstücken ausgezahlt bekommst. Du musst aber meist die Jahreszeit beachten, kannst also keine Schneeanzüge im Frühjahr vorbeibringen, wenn deine Kinder gerade herausgewachsen sind.

- **Spenden:** Caritas, Oxfam und Rotes Kreuz sind gute Anlaufstellen, um Kleider zu spenden. Ein praktischer Service ist PackMee: Du packst einen Karton voller Kleidung und gibst deinem Paketboten das Päckchen bei der nächsten Gelegenheit mit.

Gemischter Hausrat

Sozialkaufhäuser nehmen in der Regel den gesamten gut erhaltenen Hausrat an (Möbel, Elektrogeräte, Bücher, Kleidung) und verkaufen diesen entweder für den guten Zweck oder bezahlen ihre Mitarbeiter von den Einnahmen. Die Sachen werden zu fairen Preisen verkauft, sodass auch sozial schwächere Familien hier schöne Sachen zu günstigen Preisen finden können – eine Win-win-Situation für alle Seiten.

Elektronische Geräte / Küchengeräte / große Gegenstände

Diese Dinge lassen sich per eBay-Kleinanzeigen verkaufen oder verschenken. Das geht einfach per Smartphone. Erfahrungsgemäß brauchst du etwas Geduld, aber nach ein paar Tagen meldet sich meist jemand aus der Umgebung, der den Artikel bei dir abholt.

Kindersachen

Mamikreisel oder eBay-Kleinanzeigen, regionale Facebook-Gruppen sowie Kleider- und Spielzeugbasare sind prima zum Verkaufen von Kleidung geeignet.

Flohmarkt

In Sachen Aufwand ist diese Möglichkeit nicht ganz ohne. Neben dem eigentlichen Verkaufstag solltest du mindestens einen zusätzlichen Tag zum Sortieren und Vorbereiten einplanen. Außerdem brauchst du einen Plan, was mit den Sachen passiert, die nicht gekauft wurden.

Vor die Haustür / in den Hausflur stellen

Das kann prima klappen, selbst in eher ländlichen Gebieten. Wenn ich ein paar Teile ausgemistet habe, stelle ich sie manchmal auch einfach in einem Karton an die Straße, und es ist meist alles innerhalb von einem Tag weg. Wichtig ist, dass du alles, was übrig bleibt, auch zeitnah wieder wegräumst und auf das Wetter achtest, sodass nichts im Regen stehen bleibt.

Ein ehrliches Wort zum Verkaufen

Die Sachen loszuwerden, die du ausgemistet hast, kann eine große Hürde sein. Es ist eine weitere Entscheidung, die du treffen musst, nachdem du schon eine Menge Entscheidungen getroffen hast.

Es kann dir passieren, dass du deinen Stapel mit aussortierten Sachen anschaust, der riesig ist und du siehst das ganze Geld vor dir, das die Sachen gekostet haben, und stellst dir vor, wie schön es wäre, wenn du noch ein bisschen Geld wiederbekommen würdest, indem du die Sachen verkaufst.

Die Verschwendung passiert aber nicht jetzt, wo du nicht Genutztes aussortierst, die Verschwendung ist bereits passiert, als du etwas gekauft hast, was du weder gebraucht hast noch gern genug hattest, um es zu behalten. Das zu erkennen, kann hart sein. Aber es kann dir auch dabei helfen, solche Käufe in Zukunft nicht mehr zu tätigen.

Sachen zu verkaufen, kann manchmal sehr zäh sein und lohnt sich nicht immer. Wenn es für dich machbar ist, würde ich dir empfehlen, nur Dinge zu verkaufen, für die du einen lohnenswerten Betrag bekommst, wie z. B. Möbelstücke. Setze die Preise nicht zu hoch an, damit du die Sachen möglichst bald los bist.

Die zwei Tricks, mit denen Ausmisten viel leichter wird

Ausmisten erscheint einem oft als große, unlösbare und vor allem unangenehme Aufgabe. Ich verrate dir aber nun zwei Tricks, mit denen das Ausmisten plötzlich ganz leicht wird.

Leg den Fokus auf das, was bleiben darf

Wenn du bisher ausgemistet hast, hast du vielleicht einen Schrank aufgemacht, ein paar Sachen hin und her geschoben und überlegt, was davon weg kann. Meist waren das nicht viele Dinge, weil es leichter war, die Sachen an ihrem Platz zu lassen, als sich mit ihnen zu befassen.

Dabei gibt es eine einfachere Methode, die es dir viel leichter macht, loszulassen und wirklich großartige Erfolge zu erzielen: Nimm dir den Schrank vor und leere ihn komplett. Ja, nimm wirklich ALLES raus. Ohne große Anstrengung hast du jetzt schönen, leeren Raum und kannst frisch anfangen. Jetzt ist es anstrengender, die Dinge wieder in den Schrank zu sortieren, als sie wegzugeben, und das ist ein großer psychologischer Vorteil. Wenn du jetzt einen Gegenstand behalten willst, musst du vor dir selbst rechtfertigen, warum und musst ihn wieder in den Schrank zurücklegen. Das ist schwerer, als alles in einen Karton zu stecken und zu spenden.

Diese Methode zwingt dich auch, dich mit der schieren Menge an Gegenständen auseinanderzusetzen. Nichts kann sich mehr in der hintersten Ecke im oberen Schrankfach verstecken. Es kommt alles ans Tageslicht.

Jetzt liegt der Fokus auf dem, was du behalten möchtest, anstatt auf dem, was du weggeben willst. Das macht einen großen Unterschied. Stell dir vor, du kuratierst dein Zuhause wie ein Museumsdirektor:

Nur die besten Stücke dürfen bleiben. Schau dir die leere Fläche an und stell dir vor, wie schön es sein wird, nur noch wirklich gebrauchte und geliebte Stücke hierin aufzubewahren.

Manchmal wirst du vielleicht sogar so wenig wieder zurückstellen wollen, dass du die Aufbewahrungsmöglichkeit selbst nicht mehr brauchst und Kisten, Körbe oder Kommoden gleich mit weggeben kannst. Fühlst du dich beim Gedanken daran nicht gleich viel leichter und befreiter? Und noch besser ist: Je weniger du wieder einsortierst, desto schneller bist du fertig.

„Shoppen gehen" im eigenen Haus

Das „Shoppen gehen" im eigenen Haus ist ein ähnlicher Ansatz, der dir hilft, den Blickwinkel zu ändern und dir das Ausmisten sehr viel leichter macht. Du nimmst ebenfalls alles aus dem Bereich heraus, den du dir vorgenommen hast. Jetzt siehst du dir die Dinge unter dem Gesichtspunkt durch, ob du sie heute, so wie sie sind, kaufen würdest.

Stell dir vor, du bist in einem tollen Kaufhaus und darfst völlig frei alles wählen, was dir gefällt oder was du brauchst. Das fühlt sich doch gleich ganz anders an, als nach Dingen Ausschau zu halten, die man weggeben kann, oder?

AUSMISTEN – RAUM FÜR RAUM UND THEMENBEREICH FÜR THEMENBEREICH

Du hast nun für die richtige innere Einstellung gesorgt, alle Familienmitglieder sind an Bord oder zumindest über das Projekt Ausmisten informiert. Jetzt machst du dich an die praktische Arbeit. Dabei gehst du Schritt für Schritt und Raum für Raum und Themenbereich für Themenbereich vor. Setze dir Etappenziele und würdige jeden erreichten Meilenstein. Nicht nur das Gesamtziel wird gefeiert, sondern jeder Fortschritt wird wahrgenommen und den solltest du feiern. Denke an deine Vorher-Fotos!

Du kannst die von mir hier vorgeschlagene Reihenfolge der Räume auch ändern, wenn es dir anders sinnvoller erscheint. Auf jeden Fall empfehle ich dir, in einem möglichst einfachen, wenig mit Emotionen behafteten Bereich zu starten.

Jetzt geht es los! In den nächsten Kapiteln wendest du das Gelernte praktisch an.

Badezimmer

Das Badezimmer ist ein idealer Startpunkt. Es handelt sich um einen relativ überschaubaren Bereich, und die Dinge darin sind selten stark mit Emotionen behaftet. Darum empfehle ich dir, hier anzufangen.

Lass uns mit deinen Make-up-Produkten beginnen. Lege alles auf eine Ablage oder ein Handtuch auf dem Boden. Gehe die Sachen Stück für Stück durch. Welche Dinge benutzt du täglich? Und das nicht in einem idealen Leben, sondern in der Realität, so wie sie jetzt für dich ist. Sei dabei ehrlich zu dir selbst. Suche also alle die Dinge heraus, die deine Basics sind. Dann kommen alle Dinge, die du für einen besonderen Anlass nutzen würdest, also z. B. wenn du zu einer Hochzeit eingeladen wärst.

Alles, was alt ist, komisch riecht oder nicht auf einem der zwei Stapel „Basics“ oder „besonderer Anlass“ landet, kommt weg. Bitte begehe nicht den Fehler und denke dir, „Das ist ja nur Kleinkram, das nimmt nicht viel Platz weg“ oder „Ich habe doch große Schubladen, da bekomme ich das alles problemlos unter.“ Es geht nicht darum, den Platz, den du zur Verfügung hast, zu füllen. Es geht darum, nur das zu behalten, was du liebst und nutzt.

So gehst du nun alle Bereiche in deinem Badezimmer durch, nimmst alles aus dem Bereich heraus, in dem es aufbewahrt ist, gehst die

Dinge durch und räumst nur das zurück, was du wirklich brauchst.

Ein kurzes Wort noch zu den Produkten, die du in der Dusche oder am Badewannenrand stehen hast: Diese Sachen solltest du auf ein Minimum reduzieren. Je weniger Zeug herumsteht, desto schneller hast du z. B. die Dusche geputzt. Bewahre auch keinen riesigen Vorrat an Duschgel, Shampoo und Zahnpasta auf. Ich empfehle dir, eines in Gebrauch zu haben und eines als Vorrat. Wenn du dann ein Produkt aufgebraucht hast, setzt du es auf deine Einkaufsliste und besorgst ein neues Exemplar.

Organisation im Bad

1. **Böden und Flächen frei halten.** Je weniger im Bad sichtbar herumsteht oder -liegt, desto aufgeräumter und ruhiger wirkt es. Darum bewahre so viel wie möglich in Schränken oder Regalen auf, auch wenn du denkst, es lohnt sich nicht, die täglich benutzten Dinge in den Schrank zu stellen. Zum einen sieht es viel schöner aus. Zum anderen geht das Putzen viel schneller, wenn du nicht erst alles freiräumen musst.
2. **Stauraum schaffen.** Ein Spiegelschrank oder Waschbecken-Unterschrank bietet schon einmal Platz für die wichtigsten Dinge. Wenn du mehr Aufbewahrungsmöglichkeiten brauchst, dann denke daran, die Wände so gut wie möglich zu nutzen. Du kannst zum Beispiel mit ganz einfachen Regalen Platz für Bade- und Handtücher schaffen. Gerollt brauchen Handtücher übrigens weniger Platz und sorgen für Spa-Feeling. Auch Kleinteiliges lässt sich in Körben gut auf Regalen verstauen. Mit Türhaken kannst du

zusätzlich die Innenseite der Tür nutzen, um Handtücher oder Bademäntel aufzuhängen. Schau dir auch mal den Platz über der Tür an. Auch hier kannst du mit einem Regal noch einiges an Stauraum herausholen. Nutze zusätzlich Haken, um so viel wie möglich an die Wand zu hängen. Über der Badewanne kannst du eine Küchenreling anbringen, dort Drahtkörbe aufhängen und alles darin aufbewahren, was bisher den Badewannenrand bevölkert hat. Es gibt auch Sitzbänke, die sich von oben oder von der Seite öffnen lassen und Stauraum bieten, z. B. für Schmutzwäsche.

3. Sortieren. Sortiere die Gegenstände im Bad am besten thematisch (Produkte für die Haare, für die Zähne, ...) und platziere täglich benutzte Dinge so, dass du sie schnell griffbereit hast. Vorratsartikel, wie Toilettenpapier, kannst du – sofern vorhanden – im Abstellraum oder Vorratsschrank unterbringen. Körbe sind (nicht nur im Bad) tolle Ordnungshelfer. Mit einem Korb auf dem Regal, dem Boden oder Waschbecken, sieht es immer aufgeräumt aus. Auch im Schrank kannst du damit einzelne Kategorien gut zusammenfassen.

FOLGENDE GEWOHNHEITEN KÖNNEN DIR HELFEN, ORDNUNG IM BADEZIMMER ZU HALTEN

Damit dein Bad von nun an schön ordentlich und sauber bleibt, solltest du Routinen einführen, die dir das Leben leichter machen:

- Wische einmal täglich (z. B. vor dem Schlafengehen) den Spiegel, das Waschbecken und die Armaturen sauber und trocken. Dasselbe gilt für die Toilette. Bewahre dazu Putzmittel und Lappen am besten direkt im Bad auf, dann geht das ratzfatz.
- Räume Benutztes immer gleich wieder weg, zumindest aber am Abend, sodass du morgens in ein sauberes und ordentliches Bad kommst.

- Ziehe die Duschkabine nach dem Duschen mit einem Abzieher ab. So bilden sich nicht so schnell Kalkablagerungen. Wische ebenso die Badewanne nach dem Baden sauber und trocken.
- Einmal in der Woche kannst du dann das gesamte Bad gründlicher reinigen. Durch die täglichen Routinen wirst du aber nie mehr ewig schrubben müssen.

Schlafzimmer

Während du dein Zuhause ausmistest und Dinge entfernst, die nicht gebraucht werden, halte dir im Bewusstsein, dass es wichtig ist, den Zweck und die Bedeutung eines jeden Raumes zu definieren. Das hilft dir bei der Entscheidung, welche Dinge es sind, die du weggeben kannst.

Sehr oft ist das überflüssige Zeug, das unsere Räume zustellt, das Ergebnis von fehlender Definition des Sinn und Zwecks eines Raumes. Diese Definition wird zwar nicht automatisch alles Überflüssige aus einem Raum entfernen, aber sie dient dir als grober Rahmen, an dem du dich orientieren kannst, wenn du die Entscheidung triffst, was gehen muss und was bleiben darf.

Denke einmal an dein Schlafzimmer. Definitionsgemäß dient es der Erholung. Leider sind es oft die Schlafzimmer, die als Rumpelkammer missbraucht werden, wenn man nicht weiß, wohin man die Sachen sonst packen soll. Das liegt vor allem daran, dass das Schlafzimmer von Gästen in der Regel als „privat" betrachtet wird und niemand das Chaos dort zu Gesicht bekommt.

FOLGENDE GEWOHNHEITEN KÖNNEN DIR HELFEN, ORDNUNG IM SCHLAFZIMMER ZU HALTEN

- Mache dein Bett jeden Tag. Am besten direkt nach dem Aufstehen und Lüften. Das verändert die Wirkung des Raumes total. Außerdem wirst du dich am Abend umso mehr freuen, in ein schön gemachtes Bett zu schlüpfen.
- Sammle eventuell herumliegende Kleidungsstücke ein und gib sie entweder in die Wäsche oder lege sie zurück in den Schrank.
- Sobald du etwas im Zimmer entdeckst, das dort nicht hingehört, bringe es an seinen Platz zurück.

Wenn du dein Schlafzimmer ausmistest, frage dich also: „Hilft mir dieser Gegenstand dabei, mich zu erholen?“ Wenn die Antwort „Nein“ lautet, hake weiter nach: „Gehört der Gegenstand woanders hin oder kann er ganz weg?“

Diesen Denkprozess kannst du nicht nur im Schlafzimmer anwenden, aber hier kannst du ihn gut einüben, weil Sinn und Zweck des Raumes leicht definierbar sind.

Eigentlich sollte dein Schlafzimmer der am wenigsten vollgestellte Raum im ganzen Haus sein. Es sollte ein Ort sein, an dem du dich erholen und entspannen kannst.

Denke darüber nach, was wirklich einen Platz in deinem Schlafzimmer verdient hat. Ist das Ding vielleicht nur hier gelandet, weil du nicht wusstest, wohin sonst damit?

Überlege auch, welche Anzahl du an Dingen benötigst, die du im Schlafzimmer aufbewahrst, bzw. die hier genutzt werden. Wie viele Decken, Kissen, Tagesdecken und Bettwäsche nutzt du regelmäßig? Sind alle in gutem Zustand? Allzu verwaschene oder gar kaputte Exemplare solltest du aussortieren. Du verdienst ein schönes Bett, in dem du dich vom Tag erholen kannst. Ein guter Anhaltspunkt für eine vernünftige Anzahl an Bettwäsche ist z. B.: ein Set in Benutzung, eines in der Wäsche und eines als Ersatz im Schrank. Wenn du aber Freude an der Abwechslung hast, ist es auch vollkommen okay, mehr zu besitzen. Wichtig ist, dass du die Dinge nutzt, anstatt sie nur zu lagern.

Was befindet sich eigentlich alles auf oder in deinem Nachttisch? Gehört das wirklich hierher? Brauchst du es überhaupt noch? Idealerweise sollte auch diese Oberfläche weitestgehend frei bleiben, damit du Platz hast für Gegenstände, die du gerade brauchst, wie z. B. ein Glas Wasser, deine Brille und ein Buch.

Dein Schlafzimmer sollte übrigens möglichst frei von elektronischen Geräten wie Smartphone, Fernseher und Spielekonsolen sein, weil sie bei empfindlichen Menschen den Schlaf stören können.

DEINE AUFGABE: ENTRÜMPELE DEIN SCHLAFZIMMER

Stelle dir dabei oben stehende Fragen und entscheide für jeden Gegenstand im Raum. Falls die Menge an Dingen für eine einmalige Aktion zu groß ist, teile den Raum in Bereiche auf und arbeite einen nach dem anderen ab.

Den Kleiderschrank darfst du auslassen. Diesen bearbeiten wir im nächsten Kapitel separat.

Kleiderschrank

Das Problem: Dein Kleiderschrank quillt über, aber doch hast du nichts anzuziehen. Du hast viel (zu viel) Auswahl, aber doch ziehst du nur die obersten drei Shirts des Stapels an – deine Lieblingsstücke. Der Rest der teuer gekauften Sachen versauert im Schrank. Die Lösung: eine Capsule Wardrobe – Minimalismus im Kleiderschrank.

CAPSULE WARDROBE – WAS IST DAS?

Eine Capsule Wardrobe ist eine Garderobe bestehend aus wenigen ausgewählten Teilen, die vielseitig miteinander kombinierbar sind, die du alle liebend gerne trägst und die perfekt zu dir und deinem Leben passen.

Es geht also darum, die Menge an Kleidungsstücken deutlich zu reduzieren und nur noch Lieblingsstücke im Schrank zu haben. Wichtig ist dabei, nur gut miteinander kombinierbare Teile zu wählen, sodass du mit wenigen Stücken und ein paar Accessoires möglichst viele verschiedene Outfits zusammenstellen kannst.

Es geht dabei nicht um asketischen Minimalismus und Verzicht. Es geht viel eher darum, mehr Zeit, Geld und Energie zu haben für die wirklich wichtigen Dinge im Leben.

Gute Gründe sprechen für die Zusammenstellung einer Capsule Wardrobe:

- **Weniger Entscheidungen** Entscheidungsmüdigkeit bezeichnet das Phänomen, dass die Qualität unserer Entscheidungen abnimmt, wenn wir den Tag über bereits viele Entscheidungen treffen mussten. Wenn bereits morgens beim Anziehen viel Energie für die Wahl deines Outfits draufgeht, bleibt dir weniger Energie für Wichtigeres. Weniger Optionen bei der Kleiderwahl bedeutet einfachere Entscheidungsfindung.

- **Mehr Zeit** Sich jeden Morgen aufs Neue für ein passendes Outfit entscheiden zu müssen, kostet Zeit. Wenn du deinen Kleiderschrank minimalisierst und dir eine Capsule Wardrobe zusammenstellst, wirst du deine Kleidung mit zwei beliebigen Griffen in den Schrank zusammenstellen können. Die dadurch gewonnene Zeit kannst du besser nutzen: zehn Minuten für dich, bevor die Kinder aufstehen – klingt doch wunderbar, oder?
- **Weniger Stress und Outfitsorgen.** Mit einer minimalistischen Garderobe sind die Zeiten endlich vorbei, in denen du ein Kleidungsstück nach dem anderen anprobiert hast und nichts wirklich passen wollte. Wenn du dir eine Capsule Wardrobe zulegst, die genau auf deinen Alltag zugeschnitten ist, gehören Outfitsorgen der Vergangenheit an.
- **Weniger Energie- und Ressourcenverschwendung.** Die Beschaffung, Pflege, Organisation und die Aufbewahrung einer großen Garderobe bedeutet viel Aufwand, den du durch einen minimalistischen Kleiderschrank deutlich verringern kannst. Außerdem bleibt dir durch den bewussten Konsum von Kleidung mehr Geld für andere Dinge und du gehst deutlich sorgsamer mit den begrenzten Ressourcen auf unserem Planeten um.
- **Immer gut angezogen und der Kopf ist frei für Wichtigeres.** Durch eine Capsule Wardrobe, in der du jedes einzelne Teil liebst, fühlst du dich jederzeit gut angezogen und kannst deine Aufmerksamkeit auf Wichtigeres lenken als Klamotten.

8 Schritte zur minimalistischen Garderobe

Schritt 1: Aussortieren

Räume deinen Schrank komplett aus. Wenn du einen hoffnungslos überfüllten Kleiderschrank hast, stehen die Chancen gut, dass die meisten Kleidungsstücke darin dir nicht so recht passen, nicht oft getragen werden oder nicht grade zu deinen Lieblingsstücken gehören.

Wenn du später deinen Kleiderschrank wieder füllst, denke daran: Weniger ist mehr. Es darf auch Raum leer bleiben – Luft zum Atmen!

Jetzt machst du vier Stapel:
Stapel 1: Sachen, die du liebst, die dir gut passen und die du regelmäßig trägst. Diese Sachen sind deine Lieblingssachen. Sie kannst du später zurück in deinen Schrank räumen.
Stapel 2: Sachen, bei denen du dir unsicher bist. Packe sie in einen Karton und warte 30 Tage. Wenn du bis dahin nichts davon vermisst hast, spende das komplette Paket – ungeöffnet.
Stapel 3: Sachen, die nicht passen, oder die du nicht besonders magst, die aber noch in Ordnung sind. Diese Klamotten kannst du spenden.
Stapel 4: Sachen, die kaputt oder sehr abgetragen sind. Diese Klamotten kannst du entsorgen.

Schritt 2: Wähle Farben, Schnitte und Materialien
Nun sieh dir die verbliebenen Kleidungsstücke an. Erkennst du Gemeinsamkeiten? Welchen Stil, welche Farben, Muster und Materialien finden sich in deinen Lieblingsstücken? Welchen Anforderungen muss deine Garderobe genügen? Wo bist du die meiste Zeit des Tages und was tust du? Was machst du in deiner Freizeit und welche Art von Kleidung brauchst du dafür?

Eine Garderobe, die zu dir und deinem Leben passt und in der du dich täglich wohlfühlst, sollte sowohl dein Leben als auch deinen Stil reflektieren.

Schritt 3: Anzahl festlegen
Du kannst nun eine bestimmte Anzahl an Teilen festlegen, die deine zukünftige Capsule Wardrobe enthalten soll. Das ist nicht unbedingt notwendig, aber für viele Leute hilfreich. Ich bin kein Zahlenmensch und habe mir zahlenmäßig keine bestimmte Grenze gesetzt.

Um dir einen Anhaltspunkt zu geben, habe ich meine Sachen mal gezählt:

- 5 Jeans
- 6 T-Shirts
- 6 Langarm-Shirts
- 3 Strickjacken
- 2 Blusen
- 3 Shorts
- 2 Röcke
- 2 Sommerkleider
- 2 kurze und 2 lange Schlafanzüge
- 1 Regenjacke
- 1 Winterjacke
- 1 Skihose und Skijacke
- 1 Wintermantel
- 1 Übergangsjacke
- 1 Jeansjacke
- 1 Paar Sneaker
- 2 Paar Ballerinas
- 2 Paar Winterstiefeletten
- 1 Paar Winterstiefel
- 1 Paar Sandalen
- 1 Paar Sportschuhe
- 1 Paar Flipflops

Schritt 4: Farbschema wählen

Auf Basis deiner verbliebenen Kleidungsstücke wählst du nun ein Farbschema. Sieh dir verschiedene Farbpaletten an und schaue, welche dich ansprechen. Vielleicht weißt du bereits, welche Farben dir besonders gut stehen. Falls nicht, lohnt es sich, dich hier von einem Profi beraten zu lassen. Dann fällt dir die Auswahl noch leichter.

Idealerweise besteht deine Capsule Wardrobe aus:
Zwei neutralen Basisfarben. Der Großteil deiner Garderobe sollte aus zwei eher neutralen Farben bestehen, z. B. Schwarz, Grau, Beige, Dunkelblau, Braun. Bei mir sind das Dunkelblau und ein helles, kühles Grau. Dazu kommen ein oder zwei Akzentfarben. Bei diesen Farben darfst du dich auch mit knalligeren Tönen austoben, wenn du das magst. Mir genügt eine Akzentfarbe. Ich habe mich für Rosa entschieden. Knallige Töne sind nicht mein Ding, zumindest im Moment.

Zum Schluss kommt noch eine Nuance an Weiß dazu. Das muss nicht unbedingt ein strahlendes Weiß sein, es kann auch Hellbeige oder Cremefarben sein.

Schritt 5: Beschränke dich auf zwei bis drei Marken oder Klamottenläden

Wenn du dir das Klamottenshoppen künftig leichter machen willst, beschränke dich auf zwei bis drei Anlaufstellen. Ich gehe beispielsweise nicht gerne einkaufen und tue mich viel leichter, wenn ich Stücke für meine Garderobe nicht an zig Orten zusammensuchen muss, sondern weiß, wo ich passende Farben und Schnitte bekomme. Wenn du genau weißt, was du willst, brauchst du nur die richtigen Anlaufstellen und kannst (relativ) entspannt einkaufen, ohne dich von zu viel Auswahl stressen zu lassen.

Schritt 6: Lerne von den Profis

Schaue dir genau an, wie die Stylisten deiner Lieblingsmarken die Stücke aus der aktuellen Kollektion miteinander kombinieren. Dazu ist es hilfreich, deren Newsletter zu abonnieren. Weitere Inspirationen findest du oft auch auf deren Webseite in den sogenannten Lookbooks. Achte dabei auf die Details, wie aufgerollte Ärmel, oder welche Art von Schuhen mit welchem Hosenschnitt kombiniert wird. Gerade, wenn es dir ähnlich wie mir geht und du nicht mit dem Style-Gen gesegnet bist, ist das superhilfreich.

Schritt 7: Investiere in die Basics – Qualität vor Quantität

Ersetze fehlende Teile in deiner Capsule Wardrobe lieber Stück für Stück, und kaufe dir ausschließlich die beste Qualität, die du dir leisten kannst. Gerade bei den Basics wie Jeans oder Strickjacken. Wenige Teile, in denen du dich einfach großartig fühlst, sind mehr wert als ein ganzer Kleiderschrank voll von mittelmäßigen Sachen. Keine Kompromisse mehr!

Schritt 8: Outfits zusammenstellen

Damit du jetzt nicht ständig überlegen musst, was miteinander kombinierbar ist, nimm dir etwas Zeit, um dir ein paar schöne Outfits zusammenzustellen. Zieh sie an, fotografiere dich mit dem Handy vorm

Spiegel und speichere die Fotos oder drucke sie sogar aus und hänge sie in oder an deinem Kleiderschrank auf.

Damit hast du eine schöne Auswahl an Looks, aus denen du an Tagen, an denen dir einfach nichts einfallen will, ganz leicht ein tolles Outfit aussuchen kannst. Auf jeden Fall nervenschonend an einem stressigen Morgen.

Capsule Wardrobe – keine Angst vor Fehlern

Das Konzept der Capsule Wardrobe hört sich zunächst komplizierter an, als es ist. Aber keine Sorge, es macht nichts, Fehler zu machen. Es muss ja nicht gleich alles perfekt sein. Klar kann es vorkommen, dass du etwas kaufst, was du dann doch nicht anziehst oder was nicht so haltbar war, wie du dir erhofft hattest. Lerne daraus und lass das Teil gehen. Wichtig ist es, nicht das Ziel aus den Augen zu verlieren, dir das Leben so viel leichter zu machen und schließlich nur noch Lieblingsstücke im Schrank zu haben, die perfekt zu dir und deinem Leben passen.

Minimalismus im Kleiderschrank macht mehr Spaß, als man denkt:

- Durch die drastische Reduktion deiner Garderobe wirst du viel mehr Freude daran haben, deine Kleidung zusammenzustellen. Minimalismus im Kleiderschrank macht Spaß!
- Morgens deine Kleidung für den Tag auszusuchen, geht ratzfatz.
- Mit gut passenden, qualitativ hochwertigen Kleidungsstücken fühlst du dich wohl und bist jeden Tag gut angezogen.
- Du wirst nichts mehr kaufen, nur weil es reduziert oder dir langweilig ist.

DEINE AUFGABE: CAPSULE WARDROBE AUF PROBE

Solltest du dir noch unsicher sein, ob eine Capsule Wardrobe etwas für dich ist, probiere es einfach mal für eine gewisse Zeit, z. B. für drei Monate, aus und zwar ganz gefahrlos.

Stelle aus den Lieblingsstücken in deinem Kleiderschrank eine Capsule Wardrobe zusammen. Die restlichen Sachen packst du in Kartons oder Boxen und lagerst sie ganz oben im Schrank, unterm Bett oder an einem anderen Platz.

Jetzt schau mal, wie du damit zurechtkommst. Gibt es Stücke, die du vermisst? Dann hole sie zurück in den Schrank. Ansonsten gib die eingelagerten Dinge weg: herzlichen Glückwunsch zu deiner Capsule Wardrobe!

Wohnzimmer

Das Wohnzimmer ist einer der zentralen Räume deines Zuhauses. Soll dein Wohnzimmer ein Ort der Ruhe und Entspannung sein, ein Ort, an dem sich Familie und Freunde versammeln und miteinander Zeit verbringen? Dann gehört hier nichts hinein, was nicht dazu beiträgt.

Wie deine Familie das Wohnzimmer nutzt, ist ganz individuell. Mach dir bewusst, welche Funktionen dieser Raum haben soll. Lest ihr hier gerne ein gutes Buch? Dann passt das Bücherregal hier her. Seht ihr euch am Wochenende öfter mal einen Familienfilm an? Spielt ihr hier Gesellschaftsspiele, setzt ihr euch hier gerne mit euren Gästen zusammen?

Je nachdem, wie ihr den Raum nutzt, beziehungsweise künftig nutzen wollt, ist es sinnvoll, Dinge hier entsprechend aufzubewahren oder nicht.

Im Allgemeinen sollten alle Oberflächen frei bleiben, damit du sie stets verfügbar hast und nicht erst den Sofatisch leer räumen musst, wenn du mit Freunden Kaffee trinken möchtest oder mit deinen Kindern ein Puzzle machen willst.

Überlegt, ob alle Möbel in diesem Raum einen Zweck haben und diesen auch erfüllen:

- Welche Sitzgelegenheiten braucht ihr hier? Wer kommt hier regelmäßig zusammen? Sitzt ihr mit Gästen im Wohnzimmer oder eher am Küchentisch?
- Wie viele Sofatische, Beistelltische und Konsolen sind wirklich nötig und werden regelmäßig genutzt? Welche sind überflüssig und können weg?

- Braucht ihr eine TV-Bank für euren Fernseher? Braucht ihr überhaupt einen Fernseher?
- Welche Regale oder Schränke habt ihr im Wohnzimmer? Was bewahrt ihr hier auf? Was wollt ihr in Zukunft hier aufbewahren? Vielleicht werden nach dem Ausmisten einige der Regale überflüssig und können weg.
- Nutzt ihr eure CD- und DVD-Sammlung oder sind sie nur Staubfänger, weil ihr sowieso alles online streamt oder weil sie nicht mehr eurem aktuellen Geschmack entsprechen?

Auch im Wohnzimmer brauchen alle Dinge ein Zuhause, zu dem sie nach Benutzung wieder zurückgebracht werden.

Überlegt euch, im Idealfall gemeinsam, welche Funktionsbereiche es in diesem Raum gibt und wo und wie ihr eure Dinge aufbewahren möchtet, sodass es für alle Familienmitglieder Sinn ergibt und praktisch ist.

Im Wohnzimmer kann es viele Funktionsbereiche geben, z. B., spielen, lesen, sich ausruhen, Besuch empfangen, Musik hören, fernsehen usw.

In den „Medienbereich" gehören Fernseher, Radio, CD- und DVD-Player, Spielekonsole inklusive Zubehör wie CDs, DVDs, Fernbedienungen. So habt ihr alles beisammen und müsst nicht in der halben Wohnung herumkramen, wenn ihr ein Spiel spielen oder eine DVD sehen möchtet. Und später ist alles schnell wieder aufgeräumt, weil jeder weiß, wo der Gegenstand hingehört und die Wege kurz sind.

Ein Wort zu Deko-Artikeln

Ein schön dekorierter Raum wirkt gemütlich und einladend. Aber auch hier gibt es ein Zuviel. Wenn die Wände vollhängen mit allerlei Fotos, Bildern, Rahmen, Spiegeln usw., wenn alle Oberflächen

vollgestellt sind mit Dekorationsgegenständen, dann können die einzelnen Stücke nicht mehr wirken.

Erst durch den leeren Raum dazwischen kommen deine Lieblingsstücke wirklich zur Geltung und stehen nicht mehr im Wettbewerb mit Dutzenden unwichtigen Dingen. Frage dich also auch bei deinen Dekosachen: „Was ist mir wirklich wichtig? Spiegelt das meine aktuellen Interessen und Leidenschaften wider? Passt das noch zu mir und meiner aktuellen Lebenssituation? Mag ich dieses Stück wirklich gerne oder habe ich es nur gekauft, weil es gerade so günstig war?“

Wenn du Teile deiner Weihnachtsdekoration letztes Jahr (oder sogar die letzten drei Jahre) nicht genutzt hast, ist es an der Zeit, dich zu fragen, warum du sie eigentlich immer noch aufbewahrst.

Gerade was jahreszeitliche Dekorationen angeht, kannst du die Schönheit der Natur ins Haus holen anstatt irgendwelchen bedeutungslosen massenproduzierten Schnickschnack. Im Frühling und

Sommer geht doch nichts über frische Blumen. Auch mit Steinen, Kieseln, Zweigen und Früchten lassen Räume sich auf ganz natürliche Art und Weise beleben. Buntes Laub und Kastanien bringen den Herbst ins Haus. Zapfen, Nüsse und Immergrün verbreiten winterliche Stimmung.

Du brauchst ja nicht gleich alles an Deko wegzugeben, aber überlege dennoch, was dir wirklich etwas bedeutet und was dir gefällt. Alles, was den Test besteht und bleiben darf, bewahrst du am besten in einem oder mehreren Körben oder Kisten auf und nimmst jeweils nur wenige Stücke heraus, um sie zu präsentieren.

So kannst du sie übers Jahr immer wieder austauschen und saisonal oder nach Lust und Laune abwechseln.

So ein sparsam, aber schön dekorierter Raum, lässt den einzelnen Dingen Platz zum Wirken und spiegelt dich und deine Persönlichkeit wider.

DEINE AUFGABE: NIMM DIR EUER WOHNZIMMER VOR

Definiere die Funktionen, die dieser Raum erfüllen soll. Belasse nur die Gegenstände dort, die diese Funktionen unterstützen. Überlege auch bei allen Möbelstücken, ob sie ihren Zweck erfüllen.

Höchstwahrscheinlich wirst du nicht den ganzen Raum an einem Tag schaffen können.

Teile ihn in sinnvolle Bereiche ein und gehe einen nach dem anderen durch. Gehe erst weiter zum nächsten Bereich, wenn du wirklich alles durch hast, und alles, was weg soll, aus dem Haus ist.

Eingangsbereich

Der Eingangsbereich ist das Erste, was du, deine Familie und deine Gäste sehen, wenn ihr in euer Zuhause kommt. Leider ist das auch der Bereich, wo wir unsere Schlüssel, Taschen, Jacke und Schuhe fallen lassen. Meistens herrscht hier das Chaos.

Ich habe die Erfahrung gemacht, dass in diesem Bereich, neben gründlichem Ausmisten, eine sehr bewusste Organisation nötig ist. Vor allem in Familien ist es wichtig, dass im Eingangsbereich jeder einen festgelegten Bereich für seine Sachen hat.

Bevor wir Kinder hatten, gab es bei uns im Flur außer ein paar Haken und einer kleinen Kommode keine Aufbewahrungsmöglichkeiten. Die Schuhe, die überwiegend in Gebrauch waren, standen auf dem Boden und weitere Jacken und Mäntel wurden im Kleiderschrank aufbewahrt. Das ging so lange gut, bis unsere Kinder mehr und mehr Platz für eigene Kleidungsstücke und Schuhe brauchten und sich überall Schuh- und Jackengebirge auftürmten.

Heute haben wir einen selbst gebauten Garderobenschrank, der genau auf unsere Bedürfnisse angepasst ist.

In den Schuhfächern finden bis zu vier Paar aktuell getragene Schuhe Platz. Darüber hat jeder seine Schublade. Die Kinder nutzen diese für Accessoires, wie Mützen, Handschuhe, Schals etc., die Erwachsenen für Kleinkram wie Sonnenbrille, Handcreme, Fusselbürste usw.

Der untere Bereich des Schranks dient gleichzeitig als Sitzmöglichkeit. Das ist sehr angenehm, wenn man kleinen Kindern beim Anziehen hilft, natürlich auch, wenn man sich selbst die Schuhe bindet. Hier klettern die Kinder auch darauf, um die oberen Haken in ihrem Fach zu erreichen, an denen sie ihre Jacken aufhängen.

An die Haken können neben jahreszeitlich passenden Jacken auch Taschen oder Kindergartenrucksäcke gehängt werden. Das nächste Stockwerk bilden die Weidenkörbe. Die Erwachsenen nutzen sie für Jacken, Mützen oder Schals. Bei den Kindern befindet sich ein weiterer Satz jahreszeitlich passender Kleidung darin, damit das untere Fach nicht überfüllt ist.

Zusätzlich zum festgelegten Bereich für jedes Familienmitglied benötigst du auf jeden Fall einen Platz, an dem Gäste ihre Jacken ablegen und Schuhe abstellen können. Wir haben hierfür ein kleines Wandboard mit mehreren Haken eingerichtet.

Über den Gästehaken befindet sich unsere Uhr, die uns zeigt, ob wir gut in der Zeit liegen, wenn es morgens aus dem Haus geht. Einen hohen Spiegel, in dem man sich von Kopf bis Fuß betrachten kann, finde ich ebenso unverzichtbar. Er hilft dir rauszufinden, ob kleine klebrige Händchen Spuren an deiner hellen Hose hinterlassen haben.

Du musst jetzt natürlich nicht extra einen Garderobenschrank bauen oder bauen lassen. Es geht darum, den Bereich so einzurichten, dass er für dich und deine Familie passt. Minimalismus soll dir dabei helfen, dass dein Zuhause für dich funktioniert.

Elemente, die dein Eingangsbereich enthalten sollte

Schuhaufbewahrung

Bei Schuhen ist es essenziell, nur die aktuell wirklich verwendeten Paare direkt im Eingangsbereich aufzubewahren. Ansonsten besteht die Gefahr, dass sie Flure verstopfen und zu ernst zu nehmenden Stolperfallen mutieren. Schuhe, die gerade keine Saison haben, lassen sich gut im Kleiderschrank aufbewahren. Die aktuell getragenen Modelle machen sich gut in Kisten, Körben, schmalen Schuhregalen oder -schränken.

Sitzplatz

Um Schuhe bequem an- und ausziehen zu können, ist eine Sitzgelegenheit sinnvoll. Du kannst sie an den dir zur Verfügung stehenden Platz und Deine Designvorlieben anpassen. Truhenbänke bieten zusätzlichen Stauraum. Aber auch ein kleiner Hocker kann sehr nützlich sein.

Wohin mit der Post?

Täglich kommt Papier in Form von Briefen, Katalogen, Zeitschriften ins Haus und türmt sich leicht zu Bergen auf. Hilfreich ist es, überflüssige Kataloge und Zeitschriften, die man kaum liest, abzubestellen. Die relevante Post braucht ein eigenes Plätzchen, auf dem sie landen darf, bis sie geöffnet und weiterbearbeitet wird. Bei uns hat jeder sein eigenes Posteingangsfach, in das neue Post kommt.

Für Kinder

Kinder werden ihre Sachen eher in Ordnung halten, wenn es für sie einfach ist. Haken, Körbe und Schubladen sollten für sie gut erreichbar sein, damit sie sie selbstständig benutzen können. Gerade für Kinder ist es sinnvoll, jedem einen eigenen Bereich zu schaffen. Je nach Platz, der zur Verfügung steht, können Haken angebracht und Körbe oder Kisten für Schuhe und Accessoires aufgestellt werden. Achte doch mal darauf, wie dies in der Schule oder dem Kindergarten deines Kindes gehandhabt wird. Hier kann man sich oft tolle Ideen abschauen.

Schlüssel

Schlüssel solltest du möglichst immer am selben Ort aufbewahren und dir angewöhnen, sie gleich, wenn du nach Hause kommst, dorthin zurückzulegen. Dann gibt es am nächsten Morgen auch keinen Stress mit verschwundenen Schlüsseln. Nach wie vor gut geeignet ist dafür ein klassisches Schlüsselkästchen oder -board.

Bitte mitnehmen

Für Dinge, die du mitnehmen möchtest, wenn du das Haus verlässt, wie zum Beispiel Briefe, die eingeworfen werden müssen, das geliehene Buch, das du mit zur Freundin nehmen willst usw. eignet sich eine Ablage im Flur, die dir beim Verlassen der Wohnung immer gleich ins Auge fällt. Das kann beispielsweise ein hübscher Korb sein. Ganz wichtige Dinge kannst du in einer Tasche an die Türklinke hängen, damit du sie garantiert nicht vergisst.

DEINE AUFGABE: GEHE DEINEN EINGANGSBEREICH AN

Wenn nötig, nimm dir erst mal Teilbereiche vor. Überlege, welche Elemente in deinem Eingangsbereich sinnvoll sind. Gestalte deinen Eingangsbereich möglichst einladend und übersichtlich. Da hier oft der Platz nicht allzu üppig ist, gilt hier ganz besonders: Alles, was hier nicht hingehört, muss weg.

- Bewahre hier künftig nur noch die Dinge auf, die hierher gehören und aktuell, passend zur Jahreszeit, genutzt werden.
- Wie viele Mützen, Schals und Handschuhe braucht ihr pro Person wirklich?
- Muss es zu jedem Outfit ein anderes Paar Schuhe sein?
- Ähnlich wie bei der restlichen Kleidung ist es auch bei Schuhen und Accessoires. Du trägst 20 Prozent der Sachen in 80 Prozent aller Fälle.

Küche

Eine saubere, krempelfreie Küche ist etwas Wunderbares. Wenn du erst das Geschirr des Vortags abspülen musst, um Mittagessen kochen zu können, dann kostet dich das Kraft und Nerven. Wie soll kochen da bitte Freude machen?

Die Küche hat eine zentrale Bedeutung in unserem Zuhause und in unserem Leben. Sie ist der Dreh- und Angelpunkt der Familie und das Herz des Hauses.

Gerade darum ist es auch so wichtig, sie in Ordnung zu halten.

Leider ist die Küche aber auch ein Bereich, in dem es schwer ist, das Chaos in den Griff zu bekommen, und zwar aus folgenden Gründen:

- Die Küche ist der natürliche Versammlungsort für die ganze Familie.
- In der Küche herrscht immer ein großes Kommen und Gehen.
- Bei der Zubereitung von Mahlzeiten entsteht zwangsläufig Unordnung und Durcheinander.
- Die Küche zieht oft als Zwischenlagerplatz alle möglichen Kleinigkeiten an, wie Post, Hausaufgaben, Spielzeug, etc.

Die Küche ist also einer der Bereiche im Haus, die am schwersten in Ordnung zu halten sind. Es ist aber dennoch möglich.

Prinzipien, um die Küche in Ordnung zu halten

1. Erkenne und nutze räumliche Begrenzungen

In der Küche gibt es viele räumliche Begrenzungen, wie Schränke und Schubladen. Oft arbeiten wir gegen diese Grenzen und stopfen so viel wie möglich in sie hinein.

Dabei ist eine der häufigsten Ursachen von Chaos in unserem Zuhause, dass wir versuchen, zu viele Dinge auf zu wenig Platz unterzubringen. Und dann sind wir jedes Mal genervt, wenn uns der Schrankinhalt entgegenkommt, wenn wir die Tür öffnen.

Anstatt die räumlichen Begrenzungen als Übel wahrzunehmen und dagegen zu arbeiten, erkenne sie sie als hilfreiche Unterstützung an. Entferne alles, was du doppelt hast und was du selten oder nie benutzt, und du hast wieder reichlich Platz.

2. Bringe alles, was hier nicht hingehört, an einen sinnvolleren Platz
Küchen scheinen Krimskrams magisch anzuziehen. Ohne, dass wir es wollen, wird unsere Küche zum Sammelplatz für unzählige Dinge. Bestimme ein neues Zuhause für diese Dinge, und sorge dafür, dass sie in Zukunft immer wieder dorthin zurückgebracht werden, sollten sie wieder in der Küche landen.

3. Lege einen passenden Platz für jeden einzelnen Gegenstand fest
Eines der wichtigsten Elemente, die dir helfen, dein Zuhause in Ordnung zu halten, ist einen festen Platz für jeden einzelnen Gegenstand zu finden. Das gilt in der Küche, wie im ganzen Haus.

Töpfe und Pfannen sollten in der Nähe des Herds stehen. Schwere Dinge immer unten, leichtere kannst du weiter oben unterbringen. Die Töpfe, die du jeden Tag benutzt, sollten leicht erreichbar vorn stehen, die seltener genutzten können weiter hinten stehen.

Auch Lebensmittelvorräte solltest du thematisch ordnen: Backzutaten, Frühstückszerealien, Nudeln, Reis, Konserven, Tees und Snacks sollten möglichst beieinanderstehen. Damit behältst du leichter den Überblick, kannst alles aufbrauchen, solange es noch gut ist, und erkennst auf einen Blick, was du nachkaufen musst.

4. Halte die Arbeitsfläche frei

Wenn deine Arbeitsfläche ständig voll mit Krimskrams ist, dann hast du wahrscheinlich auch einige Dinge dort, die du jeden Tag nutzt, z. B. den Toaster, die Kaffeemaschine, Wasserkocher, Gewürze etc.

Je mehr Dinge auf deiner Arbeitsplatte herumstehen, umso mehr andere Dinge werden sie anziehen. Du musst sie dann jedes Mal zur Seite schieben, wenn du Platz brauchst oder die Arbeitsfläche abwischen willst.

Wahrscheinlich sagst du dir: „Wieso sollte ich die Sachen wegräumen, wenn ich sie morgen doch wieder benutze? Ist doch viel zu umständlich.“

Aber ganz ehrlich: Diese Dinge sorgen mehr für visuelle Ablenkung, als dass sie wirklich genutzt werden. Wenn du zum Beispiel jeden Morgen den Toaster nutzt, wird das ungefähr drei Minuten dauern. Danach steht der Toaster die nächsten 23 Stunden und 57 Minuten ungenutzt auf der Arbeitsfläche.

Anstatt diesen Dingen zu erlauben, wertvollen Arbeitsplatz in Anspruch zu nehmen und optisch für Unruhe zu sorgen, weise ihnen einen festen, leicht erreichbaren Platz in einem Schrank zu.

5. Wähle die Dinge aus, die bleiben dürfen

Stelle dir vor, du stattest deine neue Traumküche aus (tust du ja eigentlich auch) und wählst nur das absolut Beste aus. Angeschlagene Tassen, Schüsseln mit Sprung und angerostetes Besteck sollten hier keinen Platz mehr finden. Bewahre diese Sachen nicht als „Ersatz“ auf für irgendeinen Fall, der sowieso nie eintreten wird. Gönne es dir und deiner Familie, von heilem, voll funktionsfähigem Geschirr zu essen.

Gib alle Küchenhelfer weg, die du dir zwar als sehr praktisch vorgestellt hattest, die aber ihr Versprechen nicht gehalten haben und zu schwer aufzubauen, zu kompliziert zu nutzen sind oder die du im Anschluss ewig lange reinigen musst. Verschenke oder spende solche Gegenstände. Sie werden einen Hobbykoch vielleicht sehr glücklich machen.

Packe alle Dinge, bei denen du dir unsicher bist, ob du sie noch brauchen wirst, in einen Karton, den du mit Datum beschriftest. Wenn ein Jahr vergangen ist, ohne dass du sie gebraucht hast, kannst du die Sachen guten Gewissens weggeben.

DEINE AUFGABE: GEHE DEINE KOMPLETTE KÜCHE DURCH

Behalte nur noch die Dinge, die du regelmäßig nutzt und die gut für dich funktionieren. Jeder von uns empfindet andere Dinge als notwendig. Aber denke daran, dass es dein Können, deine Liebe und Kreativität sind, die für die Zubereitung guten Essens wichtig sind, nicht die neuesten Küchenhelfer und Profiausstattung.

Falls nötig, unterteile die Aufgabe in kleinere Bereiche, nimm dir z. B. jeweils einen einzelnen Schrank vor.

Mehr Platz in kleinen Küchen

Eine sehr kleine Küche ist eine große Herausforderung. Ich habe ein paar Tricks zusammengefasst, mit denen du wieder Luft schaffen kannst.

- Hänge Regale auf, die dir zusätzlichen Stauraum bringen. Darunter kannst du eine Küchenreling anbringen. Dort hängen Pfannenwender und Suppenkelle griffbereit. Auch Töpfe und Pfannen kann man an die Wand hängen.
- Du kannst auch noch zusätzliche Bretter bis zur Decke hoch anbringen. Oben kommt hin, was du nicht so häufig verwendest.
- Nutze die Innenseiten der Schranktüren, um dort kleinere Gegenstände aufzuhängen oder ein Gewürzregal anzubringen.
- Stelle das Essbesteck und Servietten in hübschen Gefäßen auf den Küchentisch. Das spart Platz, ist gleichzeitig eine nette Deko und du musst weniger hin und her räumen.
- Selten Genutztes wie Raclettegerät oder große Schüsseln für Bowle kannst du auch im Keller aufbewahren.
- Obst und Gemüse, das nicht gekühlt werden muss, kannst du in schönen Hängekörben aufbewahren.

- Ein Tellerregal in der Nähe des Esstisches kann euer Alltagsgeschirr aufnehmen. So ist der Tisch schnell gedeckt, hübsch sieht es auch noch aus und du schaffst Freiraum im Küchenschrank.
- Statt klobigem Messerblock montiere eine magnetische Leiste an der Wand und hänge Messer dort auf.
- Tassen kannst du mit Haken an einer Küchenreling aufhängen, die du an die Unterseite eines Oberschranks hängst.
- Mit Korkfliesen kannst du die Innenseite eines Küchenschranks in eine Pinnwand verwandeln. Ist der Schrank geschlossen, ist alles superordentlich, geöffnet hast du alles Wichtige direkt im Blick, und der Platz an der Wand wird frei für eine der oben genannten Ideen.

Kinderzimmer

Deine Kinder sind immer in Bewegung. Sie machen in wenigen Jahren viele Veränderungen durch, wachsen und lernen. Mit den Kindern sollte sich auch das Kinderzimmer ändern und immer wieder aktualisiert werden. Zudem hat so ein Kinderzimmer viele Funktionen: Es ist gleichzeitig Schlafzimmer, Arbeitsplatz, Hobbyraum, Spielplatz und Gästezimmer. Dieser Tatsache solltest du Rechnung tragen, wenn ihr es (um-)plant. Darum verzweifle nicht daran, wenn das Kinderzimmer schon wieder nicht mehr so recht passt. Anpassungen sind hier ganz normal und eine tolle Chance, dein Kind in seiner Entwicklung zu begleiten. Um jetzt Ordnung ins Kinderzimmer zu bringen, schau dir zunächst einmal die Struktur des Raumes an.

Raumplanung

Grundlegend für ein ordentliches Kinderzimmer ist die Raumaufteilung. Stelle dir folgende Fragen:

- Sind die Möbel passend, und stehen sie an einem geeigneten Platz?
- Gibt es klar erkennbare Bereiche?

- Wie wirkt der Raum mit den Möbeln, wenn man Spielzeug und Dekoration wegdenkt?

Bei diesen Grundüberlegungen kannst du schon erkennen, ob der Raum an sich überhaupt ordentlich wirken kann. Falls nicht, bringe hier erst einmal Struktur hinein.

Gestaltung

Gerade im Kinderzimmer ist die optische Gestaltung oft unruhig. Bunte Bilder an den Wänden, Motive und Figuren auf der Tapete, Farben und Muster der Möbel und bunt bedruckte Bettwäsche sorgen für ein optisches Durcheinander. Das alleine wirkt schon unordentlich, obwohl noch gar kein Spielzeug herumliegt. Optische Ruhe braucht größere Flächen, auf denen nichts passiert. Darum überlege, ob die Wände in dezenteren Farben gestaltet und Kunstwerke z. B. auf einer Magnetwand zusammengefasst werden könnten.

Aus Kindersicht

Betrachte das Kinderzimmer einmal aus Perspektive deiner Kinder. Geh dazu in die Hocke und nimm wahr, was du auf unterschiedlichen Höhen siehst. Wie einladend ist es, in den unteren Bereichen Ordnung zu machen? Ist es für Kinder, dem Alter entsprechend, einfach, Spiele und Spielgeräte wegzuräumen? Wenn deine Kinder das gar nicht selbst tun können, sind Streitereien vorprogrammiert.

Spielzeug

Eine der größten mentalen Hürden, die wir als Eltern nehmen müssen, ist das Denken, dass mehr immer besser ist, was Kindersachen angeht. Wir möchten das Beste für unsere Kinder und denken uns: „Ich will meinen Kindern alle Möglichkeiten geben. Je mehr unterschiedliches Spielzeug sie haben, desto mehr Lebenskompetenzen können sie erwerben."

Doch Studien haben wieder und wieder gezeigt, dass das nicht wahr ist. Kinder, die lernen, zufrieden zu sein mit dem, was sie haben, entwickeln Kreativität, Verantwortung und Kooperationsfähigkeit.

Kinder, die keine Grenzen erfahren, werden zu Erwachsenen, die keine Grenzen setzen. Es ist absolut notwendig, dass unsere Kinder sehen, wie wir Grenzen setzen, was Zeit, Platz und Geld angeht. In unserem Leben müssen wir jeden Tag aufs Neue Entscheidungen treffen, was wichtig ist und was nicht. Unseren Kindern Grenzen zu setzen, was Kleidung, Spielzeug, Bastelmaterial und Aktivitäten angeht, ist eine der wichtigsten Wege, wie wir ihnen zeigen können, im Leben *sinnvoll* zu wählen.

Zu viel Spielzeug wird auch den Kindern zu viel. Sie ziehen wahllos ein Spielzeug nach dem anderen aus dem Regal, finden aber kaum richtig ins Spiel. Schon wird ihre Aufmerksamkeit von etwas anderem abgelenkt. Sie haben unzählige Sachen zum Spielen und langweilen sich trotzdem.

Zu viel Spielzeug, auch wenn es tolles Lernspielzeug ist, fördert nicht, sondern beschränkt das kreative Spiel. Wenn Kinder zu vielen Reizen ausgesetzt sind, wechseln sie nämlich zu schnell von einer Sache zu der nächsten und beschäftigen sich kaum intensiv mit einem Spielzeug. Sehr viel förderlicher ist es, nur wenige ausgewählte Spielsachen anzubieten. Ein Kind sollte fantasievoll spielen können, sich über längere Zeit in ein Spiel vertiefen und so seine eigene Welt erschaffen.

Belaste deine Kinder also nicht weiter mit überflüssigem Zeug und schaffe ihnen ein ordentliches Kinderzimmer. Aber fange bitte nicht bei den Sachen deiner Kinder mit dem Ausmisten an. Zuerst musst du dich um deinen eigenen Kram kümmern.

Es ist ja nicht so, dass deine Kinder selbst zum Spielwarenladen fahren und Spielzeug kaufen. Du hast die Sachen gekauft (oder hast erlaubt, dass andere sie ihnen schenken). Wenn wir ständig vom Kinderkrempel in unserem Zuhause genervt sind, müssen wir zuerst einmal bei uns selbst anfangen. Kinder müssen erst noch lernen, wie man aufräumt und ausmistet. Deshalb musst du mit gutem Beispiel vorangehen!

Bevor du nun anfängst, Spielzeug zu ordnen und zu organisieren, entrümpelst du kräftig. Hierbei ist es wichtig, sich wirklich jedes Ding im Zimmer einmal anzusehen und zu entscheiden, darf es bleiben oder muss es gehen? Ideal ist es, z. B. ein Regal komplett auszuräumen. Das macht das Chaos zwar auf den ersten Blick noch schlimmer, hilft aber ungemein. Dadurch schaffst du dir nämlich die Möglichkeit von Grund auf neu zu organisieren, anstatt Dinge von einer Seite auf die andere zu schieben.

Es kann sehr hilfreich sein, vor allem wenn man mit den Kindern gemeinsam entrümpelt, zu fragen: „Welche zwei Puppen möchtest du unbedingt behalten?“ anstatt „Welche Puppen können wir weggeben?“ So können wir den Fokus auf die Spielzeuge lenken, die den Kindern wichtig sind. Das hilft ihnen zu erkennen, woran ihr Herz hängt und was sie eigentlich gar nicht so besonders gerne mögen. Haben sich die Kleinen bewusst dafür entschieden, eine Sache zu behalten, bringen sie dieser viel mehr Wertschätzung entgegen und spielen tatsächlich öfter damit.

Nun bildest du grobe Kategorien, die auch für die Kinder gut verständlich sind, wie z. B. Autos, Bausteine, Puppen, Stofftiere, Holzeisenbahn usw. In diese Kategorien sortierst du nun alle Gegenstände, die deinem kritischen Blick standgehalten haben.

Halte die Ordnungssysteme am besten flexibel. Gerade mit Kindern ändern sich die Bedürfnisse ständig. Einfache Haken, Körbe, Regale kannst du immer wieder anders und an anderer Stelle nutzen.

Du kannst dir und deiner Familie dabei auch räumliche Grenzen setzen, wie: „Wir behalten so viele Kinderbücher, wie in dieses Bücherregal passen.“

Es ist wichtig, den Kindern zu erklären, warum ihr Dinge aussortiert und ihnen die Vorteile zu erklären, die ein ordentliches und nicht überladenes Kinderzimmer für sie hat. Wenn du mit den Kindern dann noch besprichst, wohin die aussortierten Sachen kommen, z. B. zu Kindern, die kaum etwas zu spielen haben oder dass ihr sie verkauft, damit die Kinder das Geld für einen größeren Wunsch sparen können, werden sie sich leichter von Dingen trennen können.

Ihr könnt zusätzlich damit beginnen, eine Spielzeugrotation einzuführen. Die Kinder bekommen eine begrenzte Anzahl an Spielsachen zur Verfügung in ihrem Zimmer, der Rest kommt in einer Kiste auf den Dachboden oder an einen anderen Platz außerhalb des Kinderzimmers. Erkläre deinen Kindern, dass die Dinge nicht weg sind, sondern nur temporär dort Platz finden, damit mehr Raum im Zimmer zum Spielen bleibt. Diese Spielsachen könnt ihr dann in einem festen Rhythmus oder spontan austauschen. Dabei können die Kinder mitbestimmen, ob sie zum Beispiel ein Spielzeug länger behalten oder doch tauschen möchten. Das gibt den Kindern innerhalb eines Rahmens die Entscheidungsfreiheit, selbst wählen zu können, ohne gleichzeitig durch eine Riesenauswahl überfordert zu werden. Die Kinder sind bei jedem Tausch ganz euphorisch über die vermeintlich „alten" eigenen Spielsachen und diese werden mit viel Freude dann neu entdeckt.

Nachdem nun die verschiedenen Kategorien feststehen und ihr alles Überflüssige aussortiert habt, ist es sinnvoll, den Raum in verschiedene Bereiche zu gliedern, wie Leseecke, Bauecke, Puppenküche etc. In diesen Bereichen sollte das Spielzeug nun für die Kinder gut erreichbar aufbewahrt werden.

Das Aufräumen und Ordnunghalten im Kinderzimmer sollte ihnen möglichst leicht fallen. Besonders gut eignen sich offene Kisten und Körbe, die beschriftet und für Kinder, die noch nicht lesen können zusätzlich mit einem Bild des Inhalts versehen werden sollten.

Aus den Augen bedeutet bei Kindern oft auch aus dem Sinn. Ich habe die Erfahrung gemacht, dass Spielzeug, das sie nicht direkt auf Augenhöhe haben, wie das auf den oberen Regalbrettern, kaum wahrgenommen wird. Spielzeug, das die Kinder nur unter Aufsicht benutzen sollen, ist in höheren Bereichen allerdings gut untergebracht.

Ordnung im Kinderzimmer halten

Damit die gewonnene Ordnung im Kinderzimmer erhalten bleibt, ist es wichtig, ein paar Regeln einzuführen und mit den Kindern einzuüben. Die wohl wichtigste Regel ist, immer zuerst das aktuelle Spielzeug aufzuräumen, bevor etwas Neues begonnen wird, oder zumindest jeden Abend eine gemeinsame Aufräumrunde zu machen. So können sich die Sachen nicht mehr auftürmen, und die Kinder können jeden Tag frisch starten.

Für bestimmtes Spielzeug können auch spezielle Regeln sinnvoll sein, z. B. Knete oder Lego darf nur auf einem Tablett oder in einem bestimmten Bereich benutzt werden. Das schont die Nerven der Eltern und erleichtert den Kindern das Aufräumen nach dem Spiel.

Die Kontrolle behalten

Mit jedem Geburtstag, Weihnachtsfest oder auch zwischendurch strömt weiteres Spielzeug in die Kinderzimmer. Das kann die einmal geschaffene Ordnung schnell wieder ins Chaos kippen lassen. Gut bewährt hat es sich, vor jedem Geburtstag, Weihnachten oder anderem Geschenkanlass präventiv die vorhandenen Sachen durchzugehen und auszusortieren.

Und der nach dem Entrümpeln wichtigste Punkt ist es, gar nicht erst so viel Spielzeug hineinkommen zu lassen (siehe Kapitel: „Gerümpelfreie Geschenkideen“).

Mir ist bewusst, dass Kinder sehr unterschiedlich sind und unterschiedlich gut loslassen können. Das bedeutet, dass du vielleicht einiges an Geduld aufbringen musst und nur in ganz kleinen behutsamen Schritten vorgehen kannst.

Was auf jeden Fall hilfreich ist: loben, loben, loben. Erkenne ihre Großzügigkeit an, wie gut sie bereits Entscheidungen treffen können und wie schön ihr Zimmer jetzt ist mit dem neu gewonnenen freien Raum, der Platz zum Toben und Spielen bietet.

Kinderkleidung

Weniger ist mehr – auch bei Kinderkleidung

Ein Grund für das Chaos im Kinderkleiderschrank ist die schiere Menge. Manchmal haben wir einfach zu viel eingekauft. Wir haben uns verschätzt, das Angebot war einfach zu gut, oder die Sachen waren zu süß. Oder wir haben reichlich geschenkt bekommen, vielleicht von Oma und Opa oder weitergegeben von Eltern, deren Kindern aus den Sachen herausgewachsen sind.

Das alles sammelt sich nun in den Kleiderschränken der Kinder. Mit der Zeit entsteht eine bunte Mischung aus aktuell passenden Sachen, Sachen, die so langsam zu klein sind und vielleicht auch noch Sachen, die wir schon mal eingeräumt haben, weil sie bald passen werden.

Dazu kommt: Kinder wachsen gefühlt in wenigen Tagen aus ihrer Kleidung heraus. Wir stellen fest, dass ein Kleidungsstück nicht mehr passt, und packen es erst mal in einen Karton. Nach und nach gesellen sich weitere Stücke dazu, es entsteht ein Durcheinander verschiedenster Größen und was genau da alles lagert, wissen wir schon lange nicht mehr.

Regelmäßiges Aussortieren von Kinderkleidung

Kinderkleidung lässt sich leider nicht so einfach ein für alle Mal in den Griff bekommen. Hier ist vielmehr fortlaufendes Aussortieren und Aktualisieren gefragt. Solange unsere Kinder wachsen, lässt sich das leider nicht vermeiden.

Was wir allerdings tun können, um uns dieses permanente Aussortieren zu erleichtern, ist uns ein Ordnungssystem zu schaffen. Dieses hilft uns, den Überblick zu behalten und benötigte Kleidung jederzeit wiederzufinden.

So erstellst du eine Capsule Wardrobe für dein Kind

1. Alles raus. Zuerst nimmst du alle Kleidungsstücke aus dem Schrank.
2. Sortieren. Jetzt gehst du alle Teile durch und sortierst alles aus, was zu klein, zu groß, kaputt ist, Flecken hat oder nie getragen wird, weil dein Kind es nicht mag.
3. Gleiches zu Gleichem. Nun ordnest du Hosen zu Hosen, Pullis zu Pullis usw.
4. Überblick. Wie viele passende Hosen, Shirts und Pullover hat dein Kind jeweils? Welche Farben herrschen vor? Welche Muster?
5. Anzahl festlegen. Wie viel Kleidung ist genug? Beziehe euren Waschrhythmus und die Tragegewohnheiten deiner Kinder mit ein, und lege die benötigte Anzahl fest.
6. Farben wählen. Entscheide dich für drei Farben, die deine Kinder jeweils am liebsten tragen und die ihnen am besten stehen. Die Farben sollten sich auf der Farbskala gut miteinander kombinieren lassen.
7. Shopping mit Plan. Nun kannst du Fehlendes ergänzen. Halte dich beim Einkauf stets an die geplante Anzahl und die festgelegten Farben.
8. Keine Langeweile. Es spricht nichts dagegen, dass die Sachen deiner Kinder bunt sind. Am einfachsten wird es mit unifarbenen Unterteilen, dann dürfen die Oberteile ruhig auffällig gemustert sein.

Durch die Reduktion der Menge und durch praktische Aufbewahrungsmöglichkeiten erleichterst du dir die tägliche Arbeit. Und auch für die Kinder wird es wesentlich übersichtlicher. Das hilft auch ihnen bei der täglichen Auswahl der Kleidung.

Wenn deine Kinder schon etwas größer sind, hilft es ihnen auch dabei, ihre Kleidung selbst in den Schrank einzuräumen. Es ist dann ganz klar, was wohin gehört, und sie müssen nicht mit zu hohen Stapeln kämpfen.

Wenn du wenig Platz im Kleiderschrank hast oder Stapel ganz vermeiden möchtest, kannst du Kleidungsstücke auch so falten, dass du sie aufrecht stehend in Schubladen, Körben oder Boxen im Schrank aufbewahren kannst. Online findest du dafür Faltanleitungen von Hosen über T-Shirts bis zur Unterwäsche.

DEINE AUFGABE: SORTIERE DIE KLEIDER DEINER KINDER

Behalte ausschließlich aktuell passende und gern getragene Stücke. Sorge dafür, dass auch die Kinder die Sachen gut erreichen können, und beschrifte am besten in Wort und Bild, was wohin gehört.

Kinderkunst

Alle Kinder sind Künstler und produzieren ein Werk nach dem anderen. Wenn sie uns ein selbst gemaltes Bild schenken, schmelzen wir dahin und können uns nicht vorstellen, es jemals wegzuwerfen.

Ich verstehe, dass das schwierig ist. Aber wenn wir alles aufheben würden, dann müssten wir bald anbauen. Wie kannst du also mit der unaufhörlichen Flut an Kinderkunst umgehen?

- Mach dir klar: Wenn du Gebasteltes deiner Kinder weggibst, gibst du nicht die Erinnerung weg.
- Versuche frisch nach Hause gebrachte Sachen zu würdigen, indem du sie aufhängst oder ihnen einen anderen schönen Platz gibst.
- Nach einer Weile wechselst du dann durch, und bei den meisten Dingen ist es dann auch okay, sie gehen zu lassen.
- Für die schönsten Stücke schaffst du dir für jedes Kind eine Kiste an. Wenn die voll ist, wird wieder aussortiert. Auch hier helfen räumliche Begrenzungen, sowohl den Eltern als auch den Kindern.
- Du kannst gemalte Bilder auch zu einem Buch binden, wenn du einige zusammen hast.
- Für größere Stücke bietet es sich an, Fotos davon zu machen. Die kannst du auch sammeln und daraus ein Fotobuch gestalten.
- Deine Kinder lernen beim Auswählen auch viel darüber, was ihnen wichtig ist und was nicht.
- Omas und Opas freuen sich auch immer über selbst gebastelte Stücke.

Papierkram

Verstreut und unsortiert, unvollständig und chaotisch – wachsen dir die Papierberge über den Kopf? Höchste Zeit, das endlich zu ändern. Idealerweise sind deine persönlichen Unterlagen so abgelegt, dass du jederzeit schnell findest, was du suchst.

DIESE DOKUMENTE MÜSSEN UNBEDINGT AUFBEWAHRT WERDEN

Dokumente, die man normalerweise sein ganzes Leben lang braucht:

- Geburtsurkunde
- Zeugnisse und Ausbildungsurkunden
- Reisepass und Personalausweis
- Führerschein
- Taufschein und Heiratsurkunde
- Arbeitsverträge und Gehaltsabrechnungen (die mindestens bis zur Rente aufzuheben sind)
- Nachweise über Sozialversicherung
- Unterlagen, zum Erwerb von Wohneigentum (Wohnung, Haus, Grundstück)

Dokumente, die man mindestens 30 Jahre aufheben sollte:

- Bankunterlagen, wie z. B. Spar- und Darlehensverträge, Depotauszüge und Kreditunterlagen
- Urteile, Mahnbescheide, Prozessakten

Für Selbstständige ist das Aufbewahren von Steuerunterlagen ein Muss. Für Angestellte gilt dies nicht zwingend, allerdings wird allgemein empfohlen, Bescheide vom Finanzamt zehn Jahre aufzubewahren, da das Finanzamt rückwirkend steuerrelevante Belege zehn Jahre lang einfordern darf.

Grundsätzlich gilt beim Papierkram: so wenig wie möglich aufheben. Hier ist sehr hilfreich, wenn du dir klarmachst, welche Dokumente du im Zweifel leicht wiederbeschaffen kannst. Bedienungsanleitungen etwa kannst du ganz einfach online einsehen.

Sammle im ersten Schritt sämtliche, über mehrere Räume verstreuten Unterlagen an einem Platz. Sortiere alle Unterlagen und hefte alles in Ordnern oder Mappen ab.

Folgende Kategorien sind für deine Ablage sinnvoll:

- Arbeit und Rente
- Finanzen
- Steuer
- Gesundheit
- Wohnen
- Versicherungen
- Geräte
- Wichtige Dokumente

Richte außerdem eine (nicht zu große) Ablage für die Dokumente ein, die frisch reinkommen und die du nicht sofort einsortieren willst. Ein Stehsammler leistet hier gute Dienste. Mit diesem Trick ist erst einmal alles an einem Platz und sieht auch noch aufgeräumt aus.

Zu bezahlende Rechnungen und Dokumente, die in irgendeiner Form bearbeitet werden müssen, sortierst du besser nirgendwo ein, sondern legst sie gut sichtbar auf einen Platz, an dem du häufig vorbeikommst. Nach Erledigung kannst du sie dann ablegen.

Überlege, in welchen Abständen du künftig die Ablage machen möchtest. Wenn du lieber kleine Aufgaben schnell wegarbeitest, dann solltest du Unterlagen möglichst immer sofort wegsortieren. Alternativ kannst du auch einen Turnus von einmal die Woche oder einmal im Monat einhalten. Länger sollten die Unterlagen sich aber nicht stapeln, sonst wird es schnell unübersichtlich und sehr mühsam alles zu sortieren.

DEINE AUFGABE: GEHE EURE UNTERLAGEN DURCH

Gehe deine Unterlagen Stück für Stück durch, entsorge alles, was nicht nötig ist und sortiere den Rest nach Kategorien ein.

Post in Ordnung bringen

Wenn du deine Post aus dem Briefkasten geholt hast, legst du sie erst mal irgendwo ab, auf dem Schuhschrank, der Kommode, der Küchenarbeitsplatte, dem Esstisch oder einfach irgendwo?

Sortiere ab jetzt noch direkt an der Wohnungstür aus, was sofort ins Altpapier kann. Trenne nach Werbung, kostenlosen Zeitungen etc., denn wenn du sowieso nie hineinschaust, kannst du das Zeug auch gleich wegwerfen (mit einem einfachen Aufkleber am Briefkasten „Bitte keine Werbung“ kannst du dir solche Sachen von vornherein vom Hals halten).

Öffne am besten alle Briefumschläge sofort und schau nach, was drin ist. So verlierst du nie den Überblick und versäumst nichts Wichtiges.

DEINE AUFGABE: RICHTE DIR DEINE PERSÖNLICHE POST-ZENTRALE EIN

Lege einen Ort fest, an dem du ab jetzt alle deine Post sammelst.

Gefallen dir Ablagekörbchen? Dann empfehle ich dir drei Stück davon.

Oben kommt die Post rein, wenn du in dem Moment keine Zeit dafür hast, dich darum zu kümmern. In das zweite Körbchen gehören Dinge, die zu bearbeiten sind, wie z. B. offene Rechnungen oder Briefe, auf die du antworten musst, und im dritten Körbchen sammelst du alles für die Ablage.

Alternativ kannst du auch mit drei Stehsammlern arbeiten. Wenn du lieber eine Hängeregistratur verwendest, geht das natürlich auch, aber Achtung: Dort verschwindet schnell mal was auf Nimmerwiedersehen ...

Vielleicht bevorzugst du eine Schublade für deinen Papierkram? Auch das ist okay, wichtig ist, dass du dich damit wohlfühlst. Du kannst auch eine Sammelmappe benutzen, wenn du damit besser klarkommst.

Arbeitszimmer / Schreibtisch

Die meisten von uns haben auch zu Hause einen Bereich, der im weitesten Sinne der Arbeit gewidmet ist. Ob du selbstständig bist, einen Teil deines Jobs vom Homeoffice aus erledigst oder einfach den üblichen unvermeidbaren Papierkram hier erledigst. Wenn der Schreibtisch immer mehr einem Schlachtfeld ähnelt, leidet die Produktivität. An einem ordentlichen, übersichtlichen Arbeitsplatz kannst du stattdessen ohne ständige Ablenkung arbeiten und bist deutlich produktiver.

Das Thema Papierkram haben wir im vorigen Kapitel abgeschlossen. Aber wie steht es um den Rest deines Schreibtischs oder Arbeitszimmers? Chaos, wohin du siehst?

So schaffst du Ordnung im Arbeitszimmer

- Stelle dir zu Anfang die Frage, welche Gegenstände überhaupt einen Stammplatz auf deinem Schreibtisch verdient haben. Räume den Schreibtisch komplett leer, wische ihn ab und platziere nur das wieder darauf, was wirklich notwendig ist.
- Entsorge alles, was ganz klar Müll ist: kaputte Kugelschreiber, eingetrocknete Stifte, Haftnotizen, die nicht mehr kleben, leere Tintenpatronen usw. Auch defekte oder veraltete Geräte, wie Computer oder Drucker, die du eigentlich bereits durch eine neuere Version ersetzt hast und dann aber noch „zur Sicherheit“ aufbewahrt hast, dürfen gehen.
- Gehe alles Büromaterial der Reihe nach durch und behalte nur, was du gerne nutzt.
- Reduziere deine Sammlung an Stiften, Radiergummis, Kuverts, Markern, Taschenrechnern und anderen Arbeitsmitteln.
- Behalte nur Gutes, Praktisches und Schönes und verschenke oder entsorge alles andere.

- Die ganzen Dinge, die in Zukunft vom Schreibtisch verbannt sind, müssen ja nun irgendwo unterkommen. Darum weist du nun jedem verbliebenen Arbeitsmittel einen sinnvollen, festen Platz zu. Dabei sollten Hilfsmittel, die du nicht täglich nutzt, in Schubladen unter dem Schreibtisch oder in einem Schrank in der Nähe verstaut werden. Alles, was nicht permanent benutzt wird, hat nichts auf dem Tisch verloren. Schubladen in einem Schrank oder Rollcontainer sind für diese Dinge die sinnvollere Lösung. So sind sie trotzdem schnell verfügbar, stören dich aber nicht bei der Arbeit.
- Damit du gar nicht erst in Versuchung kommst, den gewonnenen Platz erneut vollzukramen, schaffe leere und überflüssig gewordene Rollcontainer, Regale usw. direkt aus dem Haus.
- Wenn du gerade dabei bist und deinen Arbeitsplatz ausmistest, ist der Zeitpunkt günstig, die Verkabelungen neu zu sortieren. Beschrifte und markiere alle vorhandenen Kabel klar. Damit weißt du immer gleich, welches Kabel zu welchem Gerät gehört. Damit sich gerade nicht genutzte Kabel nicht untereinander verheddern und Kabelsalat entsteht, kannst du sie mit Gummiringen oder Kabelbindern fixieren.
- Auch die Kabel an deinem Schreibtisch solltest du fixieren, z. B. am Tischbein. Dafür eignen sich Kabelbinder prima. Du rollst dafür die überschüssige Kabellänge zusammen, legst den Kabelbinder um Kabel und Tischbein und schneidest den Kabelbinder hinter dem Verschluss ab.
- Gerade am Arbeitsplatz ist es wichtig, die Oberflächen frei zu halten. Lege zukünftig Arbeitsmittel und Unterlagen sofort nach Gebrauch an ihre jeweiligen Plätze zurück. Wenn wirklich jedes einzelne Teil einen eigenen Platz hat und man täglich mit ein paar Handgriffen alles an diesen Platz zurückräumt, ist es plötzlich ganz einfach, Ordnung zu halten. Mit ein bisschen Übung wird das auch für dich zur Routine und klappt mit der Zeit ganz automatisch.

DEINE AUFGABE: MISTE DEINEN SCHREIBTISCH AUS

Und außer dem Schreibtisch mistest du auch alle umgebenden Schränke, Regale, Rollcontainer etc. aus. Teile die Aufgabe in Teilbereiche, falls sie zu groß ist, um sie auf einmal abzuschließen. Achte künftig darauf, die Oberflächen frei zu halten und alle Gegenstände, die nicht hierher gehören, direkt wieder an ihren Platz zu bringen.

Bücher

Als Buchliebhaberin kann ich sehr gut verstehen, wenn jemand (zu) viele Bücher besitzt. Wenn du aber einfach nicht genug Platz für deine Büchersammlung hast, umziehst, oder von der Menge an Kinderbüchern überfordert bist, die du jeden Abend aufräumen sollst, dann ist es an der Zeit, auch hier loszulassen. Bei Büchern fällt das vielen von uns ausgesprochen schwer.

Viele von uns verknüpfen bestimmte Vorstellungen mit Büchern:

- Bücher kann man nie genug haben.
- Bücher machen schlau.
- Viele Bücher zu haben, ist ein Zeichen von Intelligenz.

Bücher zu horten, ist aber doch vielleicht nicht unbedingt ein Zeichen von Intelligenz, sondern einfach dafür, dass man gerne Geld für etwas ausgibt, das man genauso gut ausleihen könnte.

Dein Leben ist immer im Fluss, deine Lebensverhältnisse ändern sich, deine Interessen und Einstellungen ebenso. Warum sollte deine Büchersammlung dagegen statisch sein und sich nicht mit dir weiterentwickeln und genau das widerspiegeln, was dich jetzt aktuell interessiert?

Gelesene Bücher – weg damit

Sind die Bücher gelesen worden, haben sie ihren Zweck erfüllt. Such ihnen keinen Platz im Regal, sondern gib sie weiter, es sei denn, du hast vor, öfter darin nachzuschlagen. Natürlich gibt es auch Lieblingsbücher, die unangetastet bleiben dürfen.

So gehst du mit den Fallstricken beim Bücheraussortieren vor

- „Ich habe es geschenkt bekommen.“ Wenn du ein schlechtes Gewissen hast, ein geschenktes Buch auszusortieren, dann überlege doch mal, ob sich diese Person nicht freuen würde, wenn das Buch bei jemandem landet, der auch wirklich darin liest. Das Buch hat seinen Zweck erfüllt, als es dir geschenkt wurde. Du hast dich darüber gefreut.
- „Es erinnert mich an eine bestimmte Person / Zeit / Ort“. Wirst du die Erinnerung verlieren, sobald das Buch weg ist? Wohl kaum. Auch hier gilt: Die Aufgabe des Buchs war, dir eine gute Zeit zu verschaffen. Aufgabe erledigt. Es kann also weg.

- „Ich werde es irgendwann mal lesen.“ Nein, wirst du nicht. Mal ehrlich: Wie lange steht es da schon und will gelesen werden? Wenn du es jetzt noch nicht gelesen hast, wirst du es wahrscheinlich niemals tun, denn „irgendwann“ kommt nie.
- Es gibt keine ideale Zahl der zu besitzenden Bücher. Die Frage nach der Büchermenge musst du individuell für dich entscheiden. Wichtig ist, dass du deine Regale nicht deswegen behältst, um anderen Leuten zu imponieren. Stattdessen ist es doch viel besser ein kleines Regal zu haben, das deine absoluten Lieblinge enthält.
- Leihen statt kaufen. Anstatt viel Geld für Bücher auszugeben, nutze deine örtliche Bibliothek. Für einen minimalen Jahresbeitrag kannst du Bücher leihen bis zum Abwinken, sowohl auf Papier als auch digital.

DEINE AUFGABE: GEHE ALLE BÜCHER IN EUREM ZUHAUSE DURCH

Behalte nur die Bücher, die du wirklich gerne magst und noch lesen möchtest. Gehe genauso bei den Kinderbüchern vor. Beziehe allerdings deine Kinder hierbei mit ein.

Zeitschriften

Türmen sich in der Ecke deines Wohnzimmers Stapel an wunderschönen Wohnzeitschriften, in die du noch gar keinen Blick geworfen hast? Weißt du nicht, wohin mit diesem Berg an Inspiration, der dir aber immer ein schlechtes Gewissen verursacht, wenn du ihn aus dem Augenwinkel beobachtest?

So bekommst du deine Zeitschriftenstapel in den Griff

Leihen statt kaufen

In vielen Büchereien werden unterschiedlichste Zeitschriften zum Verleih angeboten. Damit sparst du dir Kosten und die Arbeit, die Magazine irgendwann wieder entsorgen zu müssen.

Es gibt natürlich Magazine, die sind zeitlos oder behandeln ein bestimmtes Thema, das du immer wieder nachschlagen möchtest, solche Ausgaben kannst du dir ja dann auch gezielt kaufen.

Abos kritisch überprüfen

Wie viele Zeitschriften hast du abonniert? Wie viele davon liest du tatsächlich? Bei wie vielen davon liegt schon die neue Ausgabe im Briefkasten, ehe du die alte gelesen hast? Schau mal, ob du das Abo wirklich so nutzt, dass es sich auszahlt. Ansonsten fasse dir ein Herz und kündige es. Wenn du nur hin und wieder einen Blick in eine bestimmte Zeitschrift werfen willst, kannst du sie viel günstiger bei Bedarf am Kiosk kaufen, oder, siehe oben, auch leihen.

Ausmisten

Gehe alle vorhandenen Zeitschriften durch und entscheide: Lohnt es sich, dieses Exemplar zu behalten und wirst du es realistischerweise wieder zur Hand nehmen? Wenn ja, weiter mit dem nächsten Schritt, wenn nein, ab ins Altpapier oder an jemanden verschenken, der noch Freude daran hat, sie einmal durchzublättern.

Ein fester Platz für alles

Sortiere deine Zeitschriften zur Aufbewahrung in Kategorien. Das können sein:

- Kochen und Backen
- DIY und Hobby
- Einrichten
- Garten
- Reisen

Pro Kategorie planst du dann einen gewissen Platz ein, z. B. einen Stehsammler.

Grundsätzlich ist es wichtig, für alles einen festen Platz zu haben. Das gilt hier, wie überall im Haus. Bei allen Dingen, die dazu neigen, sich anzusammeln, wie Zeitschriften solltest du nicht nur einen festen Platz, sondern einen begrenzten Platz haben.

Möchtest du eine Zeitschrift aufheben und der zugewiesene Platz (ein Regalbrett, eine alte Obstkiste, ein Stehsammler) ist schon voll, musst du eine andere aussortieren. So bleibt der in Anspruch genommene Platz immer gleich.

Artikel merken

Ich würde nicht anfangen, interessante Seiten aus den Zeitschriften herauszutrennen. Das wäre mir erstens zu viel Aufwand, das Ganze wieder zu ordnen und zweitens die Wahrscheinlichkeit zu gering, dass ich mir die Seiten jemals wieder ansehen würde. Eine Ausnahme sind vielleicht Rezepte, die du in einen Rezeptordner abheftest – nachdem du sie getestet und für gut befunden hast. Ich würde besonders interessante Artikel mit einem kleinen Klebezettel markieren und die Zeitschrift aufbewahren. Wichtig ist, dass du im Vorfeld großzügig aussortierst. Dann ist es auch nicht schwer, wirklich Lesenswertes wiederzufinden.

Sentimentales

Du bist nicht dein Besitz. Du bist du, egal wie viel oder wenig Dinge du hast. Deine Erinnerungen liegen in dir selbst, nicht in deinen Sachen. Es ist wichtig, dass du dir das bewusst machst.

Es ist nicht so, dass sentimentale Dinge prinzipiell schlecht wären, oder dass es falsch ist, sie zu behalten. Aber wenn du den Gegenstand eigentlich gern weggeben würdest, du das aber aus sentimentalen Gründen nicht tust und der Gegenstand dich eher runterzieht, als dir Freude zu machen, dann ist es an der Zeit, dich davon zu befreien und das Ding gehen zu lassen. Es geht jetzt nicht darum, möglichst viel wegzugeben, sondern vielmehr darum, nur das zu behalten, was dir Freude bereitet und dir ein gutes Gefühl gibt.

Betrachtest du das Aussortieren aus dieser Perspektive, fällt es dir vielleicht leichter, dich zu trennen. Es gibt dir so die Möglichkeit, die eigene Vergangenheit „in Ordnung zu bringen" und dich mit ihr zu versöhnen. Das kann dir auch ein Weitergehen und das Leben in der Gegenwart ermöglichen, anstatt gedanklich in der Vergangenheit festzustecken.

Vielleicht hilft dir auch die Tatsache, dass ein Gegenstand, der für dich nur von sentimentalem Wert ist, für jemand anderen wirklich nützlich sein kann.

Wie kannst du nun mit schwierigen Gefühlen umgehen, die auftauchen, wenn du einen sentimentalen Gegenstand aussortieren möchtest? Bei Erinnerungsstücken funktioniert die einfache Frage „Brauche ich das wirklich und benutze ich es?" nicht. Es kommen viele, teils schwierige Gefühle auf, wenn du darüber nachdenkst, das Ding gehen zu lassen, und es fühlt sich einfach nicht richtig an, es so zu behandeln.

Manche Menschen sind ziemlich gut darin, Dinge von sentimentalem Wert wegzugeben, andere haben damit große Schwierigkeiten. Im Grunde wissen sie, dass sie den Gegenstand nicht brauchen, aber sie bringen es einfach nicht über sich, ihn loszulassen.

Wenn es dir so geht, kannst du dir einige Fragen stellen, die dir helfen, deine Gedanken in eine andere Richtung zu lenken:

Ist es so schwer für mich, diesen Gegenstand loszulassen, ...
- weil er mich an meine Kindheit erinnert?
- weil er einer bestimmten Person gehört hat?
- weil es das einzig Gute in einer schwierigen Lebensphase war?
- weil er mich an eine bestimmte Zeit, an eine bestimmte Person oder eine bestimmte Lebensphase erinnert?

Versuche, diese Fragen so genau wie möglich zu beantworten. Das kann dir helfen, zu verstehen, warum gerade bei diesem Gegenstand solch schwierige Gefühle aufkommen. Wenn dir klar ist, woran es liegt, frage weiter:

Wird dieser Gegenstand positiv zu meinem Leben beitragen, wenn ich ihn behalte? Gibt es eine Möglichkeit, wie ich diesen Gegenstand nutzen kann? Kann ich ...
- ihn im Alltag nutzen?
- ihn als Dekoration verwenden?
- könnte ich ihn tragen (z. B. Schmuck)?

Nachdem du tief in die Emotionen eingetaucht bist, die dieser Gegenstand in dir auslöst, kommst du nun mehr ins praktische Denken.

Wenn die Antworten auf deine Fragen bedeuten, dass der Gegenstand nichts zu deinem Leben beiträgt und du ihn nicht in irgendeiner Form nützlich machen kannst, dann kannst du dir bewusst machen:

„Diesen Gegenstand wegzugeben, bedeutet nicht, meine Erinnerungen wegzugeben. Ich werde mich trotzdem an diese Person, an dieses Erlebnis, an diesen Lebensabschnitt erinnern können, wenn dieser Gegenstand mein Haus verlassen hat. Meine Erinnerungen werden damit nicht automatisch gelöscht. Ich kann diese Erinnerungen nicht nur abrufen, wenn ich diesen Gegenstand ansehe."

Ein Foto dieses Gegenstands zu machen, vielleicht auch ein Foto von dir mit diesem Gegenstand zu machen, kann dir helfen, die Erinnerung in Ehren zu halten und das physische Ding gehen zu lassen.

Es wird Dinge geben, die du auch nach reiflicher Überlegung nicht weggeben willst. Und das ist okay. Du entscheidest, was dir guttut und was du behalten möchtest. Wichtig ist, dass du den Unterschied spürst, wann es richtig ist, etwas gehen zu lassen, auch wenn es schwerfällt, und welcher Gegenstand es wert ist, ihn zu behalten. Triff die Entscheidung, die sich für dich gut anfühlt.

Sei versichert, dass es auch bei sentimentalen Gegenständen immer einfacher wird, je mehr Übung du darin hast. Was vor einiger Zeit noch sehr wichtig für dich war, was du auf keinen Fall loslassen konntest, ist plötzlich kein Problem mehr. Auf deinem Weg wirst du mehr und mehr lernen, dein Herz weniger an Dinge, sondern mehr an Erlebnisse und vor allem Menschen zu hängen. Das kommt ganz automatisch. Du wirst dich weiterentwickeln und wachsen.

Fotos

Die Chancen stehen gut, dass du Fotoalben und Kisten mit Fotos im Schrank stehen hast, die du seit Jahren nicht mehr angesehen hast, oder die du irgendwann einmal sortieren und ordnen wolltest. Irgendwann einmal – also wahrscheinlich nie.

Zu den ausgedruckten Fotos kommen noch einmal Tausende digitaler Fotos auf deinem PC und Smartphone. Wie also umgehen, mit dieser Flut an Fotos?

Was willst du? Überlege im ersten Schritt, wie du künftig deine Fotos aufbewahren und präsentieren möchtest. Seht ihr euch regelmäßig Fotoalben an, oder fristen sie nur ein trauriges Dasein im Schrank?

Möchtest du ausgedruckte Fotos wirklich in ein Fotobuch einkleben oder ergibt es für dich mehr Sinn, sie zu digitalisieren? Wäre ein digitaler Bilderrahmen eine Idee, deine Fotos zu präsentieren? Mit einem guten Scanner kannst du deine Fotos relativ schnell und bequem einscannen. So kannst du große sperrige Alben in ein handlicheres Format übertragen.

Überblick verschaffen. Egal ob analog oder digital: Zunächst musst du dir erst einmal einen Überblick über deine Fotosammlung verschaffen, bevor du darangehen kannst, sie aus- und neu zu sortieren. Nutze dafür einen Tag, an dem du wirklich Zeit und Ruhe hast, die Kinder unterwegs oder betreut sind, um eine Struktur für deine zukünftige Fotoorganisation zu schaffen. Statt einen ganzen Tag kannst du dir vielleicht auch ein paar Abende freischaufeln.

Aussortieren. Kein Mensch braucht zwanzig nahezu identische Bilder vom gleichen Motiv. Suche dir jeweils das schönste aus und lösche den Rest. Es ist nicht dein Kind oder die Erinnerung, die du da löschst. Es ist nur ein Foto. Versuche, die Auswahl der Bilder, die du behältst, relativ schnell und intuitiv zu treffen, ansonsten zieht sich das Aussortieren ewig hin.

EMOTIONAL AUFRÄUMEN

Das Sortieren von Digitalfotos wird dich oft zurück an die Orte und Erlebnisse versetzen, die du auf diesen Fotos festgehalten hast. Die Vergangenheit wird wieder ein Stück weit gegenwärtig.

Das Auswählen und Einsortieren bedeutet somit sowohl Vergegenwärtigung als auch Zuweisung eines bestimmten Platzes. Du schaffst, im wahrsten Sinne des Wortes, Platz für Neues auf deinem Computer oder Smartphone, aber auch in dir selbst und sorgst dabei auch emotional für Ordnung in deinem Leben.

Wenn du beispielsweise das vergangene Jahr oder einen Lebensabschnitt über das Auswählen und Sortieren der Fotos noch einmal Revue passieren lässt, kannst du mit dem Erlebten ein Stück weit abschließen, es hinter dir lassen und dich dann neuen Erlebnissen in deinem Leben zuwenden.

Ordnen. Wähle einen einzigen Ort, an dem du all Deine Fotos sammelst. Es wird einmalig etwas aufwendig sein, das zu tun, aber dafür wirst du es in Zukunft sehr einfach und übersichtlich haben, wenn du deine neuen Fotos regelmäßig gemäß deiner einmal geschaffenen Struktur einsortierst und pflegst.

Die Speicherlogik folgt dabei am besten einer chronologischen Baumstruktur, das heißt: Sortiere deine Fotos am besten nach Jahr und Monat, vielleicht noch zusätzlich nach Anlass und Ort. Lege also für jedes Jahr einen Ordner an und innerhalb dieses Ordners noch mal jeweils für jeden Monat einen. Du kannst zusätzlich auch Ordner für besondere Anlässe anlegen, damit du die entsprechenden Fotos immer schnell findest. Also zum Beispiel neben den monatlichen Ordnern im Jahr 2019 noch „Ostern“, „Sommerurlaub“, „Kindergeburtstag“.

Pflegen. Nach der einmaligen Organisation ist es wichtig, dass du neu hereinkommende Fotos regelmäßig pflegst. Das geht ziemlich fix, wenn du es regelmäßig machst. Lösche zum Beispiel jede Woche oder mindestens einmal im Monat Bilder von deinem Smartphone oder deiner Kamera und übertrage sie in deine Struktur.

Sichern. Bei Digitalfotos ist es schließlich noch wichtig, eine sichere Speicherform zu finden, d. h. die Daten regelmäßig auf externen Speichermedien, wie einer externen Festplatte oder in der Cloud, zu sichern, damit sie nicht verloren sind, falls die Festplatte deines Rechners den Geist aufgibt.

Nutzen. In welcher Form möchtest du deine Fotos am liebsten genießen? Schaust du sie dir am liebsten auf dem PC oder Tablet an? Liebst du es, mit ausgedruckten Bildern dein Zuhause zu verschönern? Blätterst du gerne mit deinen Kindern in Fotobüchern? Je nachdem, wie du deine Fotos nutzen möchtest, kannst du auswählen, in welche Form du sie bringst. Für uns hat es sich zum Beispiel bewährt, einmal im Jahr ein digitales Fotobuch zu erstellen und drucken zu lassen. Wenn du das Jahr über deine Hausaufgaben gemacht hast und fortlaufend aussortiert und eingeordnet hast, nimmt das nicht mehr allzu viel Zeit in Anspruch, und das Ergebnis ist einfach toll!

Hobbybereich und Bastelmaterial

Übst du ein Hobby aus, für das du viel Material und Zubehör benötigst? Bastelmaterialien wie Stoffe, Farben, Wolle, Papier usw. können sich im Laufe der Zeit zu unüberschaubaren Gebirgen auftürmen.

Frage dich bei der Durchsicht deines Hobbybereichs, welche angefangenen Projekte du realistischerweise in den nächsten Wochen und Monaten abschließen wirst, und auf welche du, wenn du ehrlich bist, gar keine Lust mehr hast.

Wenn dein Bastelschrank überquillt, mache eine Bestandsaufnahme und behalte ausschließlich die Dinge, die du regelmäßig nutzt und die dir heute gefallen. Welche Materialien wirst du in der nächsten Zeit nutzen und verbrauchen?

Wenn kreatives Material für dich immer verlockend ist und du dich zu Impulskäufen hinreißen lässt, schließe einen Deal mit dir selbst ab, dass du keine weiteren Sachen mehr kaufen wirst, bevor du nicht den Großteil deiner aktuellen Sammlung aufgebraucht hast.

Gibt es ein Hobby, das du früher einmal ausgeübt hast, aber schon seit Jahren nicht mehr? Dann lass die zugehörigen Materialien gehen und schenke sie z. B. jemandem, von dem du weißt, dass er sie mit Begeisterung verarbeiten wird.

Gerade für Kreativ-Materialien ist es wichtig, Gleiches mit Gleichem aufzubewahren. Stelle für jede Art von Hobby bzw. Material einen bestimmten Bereich zur Verfügung, wie eine Kiste, einen Korb ein Regalbrett, eine Schublade. Das setzt eine räumliche Grenze, hilft dir in Zukunft einen Überblick über die Menge an Sachen zu behalten und auf einen Blick zu sehen, wann du Platz für Neues hast und wann es eher an der Zeit ist, Altes aufzubrauchen.

DEINE AUFGABE: SORTIERE BASTELMATERIAL AUS

Wähle aus deinem Bestand aus, was du aktuell wirklich magst und nutzen wirst. Alles andere darf gehen. Je nach Menge an Sachen teilst du dir die Aufgabe wieder in Bereiche, wie eine Kiste oder ein Regalbrett nach dem anderen ein.

Sammlungen

Was man im Leben nicht alles sammeln kann: Briefmarken, Bücher, Schallplatten, Puppen, Bierdeckel, alte Bibeln, Reiseführer …

Die meisten Sammlungen bestehen aus an sich überflüssigen und wertlosen Dingen, sind aber aufgeladen mit Erinnerungen. Sie nehmen oft nur Platz weg, sich davon zu trennen, scheint aber keine Option zu sein. Schon wegen der emotionalen Beziehungen, die du zu den lustigen kleinen Keramikclowns aufgebaut hast, die du schon sammelst, seit du acht warst.

Weil dies keine Gegenstände sind, die dir den Alltag erleichtern, ist es umso wichtiger, dass sie zu deinem Wohlbefinden beitragen. Denn sonst haben sie keine Aufgabe und Daseinsberechtigung in deinem Zuhause. Du hast diese Dinge schließlich gesammelt, um dich an ihnen zu erfreuen.

Wichtiges von Unwichtigem zu unterscheiden und ideelle Werte von materiellen abzugrenzen, ist nicht so einfach. Doch es ist die Voraussetzung dafür, dass du dich mit Dingen umgeben kannst, die dir etwas bedeuten und in denen du dich wiederfindest. Ansonsten ist es kein Sammeln, sondern nur wahlloses Horten.

Was also tun, wenn der Platz knapp wird und die Sammelwut sich mittlerweile eher in Grenzen hält? Kurz und schmerzlos entrümpeln oder nostalgisch-verklärt weiterhorten?

Macht dir deine Sammlung noch Freude? Macht es dir Spaß, sie zu pflegen und weiter nach Ergänzungen Ausschau zu halten? Oder ist deine Leidenschaft für „alles mit Katzen drauf“ schon lange abgekühlt und du sammelst nur, weil du es schon immer so gemacht hast und zu jedem Anlass weitere Stücke geschenkt bekommst?

Wenn dir deine Sammlung wirklich wichtig ist, behalte sie, pflege sie, gib ihr den Platz, den sie verdient, und erfreue dich daran. Wenn sie dir heute aber nichts mehr bedeutet und du quasi „herausgewachsen“ bist, hebe höchstens zwei, drei Exemplare auf, fotografiere den Rest und gestalte dir daraus ein Album. In das kannst du auch die kleinen Geschichten mit aufnehmen, wie die, als du im Frankreichurlaub dieses ganz besondere Exemplar einer Quietscheente mit Baguette unterm Arm auf dem Flohmarkt ergattert hast.

Das Auto

Suchst du jedes Mal schnell nach einer Ausrede, wenn du jemanden im Auto mitnehmen sollst? Denn das wäre dir dann doch ziemlich unangenehm, wenn jemand dein rollendes Chaos zu Gesicht bekommen würde.

Wenn du zu Unordnung im Haus neigst, bist du vielleicht auch ziemlich gut darin, dein Auto zuzumüllen und deinen halben Hausstand mit dir rumzufahren. Gerade in stressigen Zeiten landet doch so einiges zwischen den Sitzen, im Handschuhfach und im Kofferraum sowieso.

Auch kleine Mitfahrer sind wahrlich Meister im Ansammeln von Kram im Auto. Zu Kekskrümeln und harten Brezelresten gesellen sich Dinge wie Bücher, Spielzeug, Kuscheltiere, Zeichnungen, Papierschnipsel, Stöckchen und Steine. Dazu kommen zerknüllte Verpackungen von Schokoriegeln, Taschentücher, Einkaufszettel, Parktickets. Fahre nicht länger Müll in deinem Auto spazieren!

DEINE AUFGABE: MISTE DEIN AUTO AUS

- Räume alles aus und nur das zurück, was notwendig und sinnvoll ist.
- Leere dazu das Wageninnere komplett. Stelle dir vor, du würdest dein Auto verkaufen. Hole dir eine Tüte und wirf den wahllos herumliegenden Müll hinein. Alles, was nicht mehr zurück ins Auto soll, packst du in einen Korb und bringst es zum Abschluss in die Wohnung an seinen entsprechenden Platz.
- Dann sorgst du mit Staubsauger und feuchtem Lappen für Sauberkeit.

- Kontrolliere das Handschuhfach und sieh nach, ob die wichtigsten Sachen vorhanden sind, wie Versicherungsunterlagen, Formulare für den Unfallbericht, die Bedienungsanleitung und Parkscheibe. Einen schnell erreichbaren Platz brauchen Erste-Hilfe-Kasten und Warnwesten.
- Im Kofferraum kannst du Warndreieck, Starthilfekabel, Regenschirm und Einkaufstaschen in Boxen unterbringen, um den Überblick zu behalten.

Jetzt brauchst du noch eine gute Gewohnheit, um den Zustand so zu erhalten. Suche dir dafür einen Tag in der Woche aus, an dem du regelmäßig Ordnung im Auto schaffst. Das muss kein Großputz sein. Einfach nur alles rausnehmen, was nicht dorthin gehört.

Keller und Dachboden

Nachdem du nun alle aktiv genutzten Bereiche deines Zuhauses vereinfacht hast, ist es an der Zeit, sich um sogenannte Stauräume wie Keller und Dachboden zu kümmern. Meistens landet hier der Kram, den du nicht in der Wohnung haben willst und von dem du nicht weißt, was du damit tun sollst. Aber – nur weil die Sachen aus den Augen sind, sind sie nicht aus dem Sinn.

Viel Stauraum zur Verfügung zu haben, ist leider meist keine Lösung für unsere Ordnungsprobleme. Im Gegenteil, je mehr Platz wir zur Verfügung haben, desto mehr Dinge sammeln wir an.

Was lagert in deinem Keller? Dinge, die du regelmäßig benutzt? Oder vor allem Zeugs, das in der Wohnung stört, was du aber eventuell doch noch irgendwann einmal gebrauchen könntest? Die Sachen sind ja erst einmal weggeräumt. Aber jedes Mal, wenn du die Treppe runtergehst, wirst du wieder damit konfrontiert. Höchste Zeit also, den Keller aufzuräumen.

Da dort bei den meisten Familien das größte Chaos herrscht, ist das keine leichte Aufgabe. Ist sie bewältigt, bleibt aber das gute Gefühl, endlich wieder den Überblick gewonnen zu haben und dort nur Dinge aufzubewahren, die ihr braucht und regelmäßig benutzt.

Ordnung im Keller zu schaffen ist anstrengend, aber es lohnt sich. Wenn ihr nach dem folgenden System vorgeht, wird das Chaos im Keller bald Geschichte sein.

In 10 Schritten zum aufgeräumten Keller

1. **Alle machen mit,** wenn es irgendwie geht. Reserviere dafür einen Tag, an dem alle zu Hause sind, und bitte alle um ihre Hilfe. Schließlich lagern im Keller jede Menge Dinge, über die der jeweilige Besitzer entscheiden muss. Falls die anderen keine Zeit haben, triffst du die Entscheidung über alle Dinge, über die du allein entscheiden kannst und hältst bei Gegenständen der anderen Familienmitglieder Rücksprache (am besten gesammelt).
2. **Zeit begrenzen.** Damit die Motivation nicht gleich flöten geht, nimm dir Abschnitte vor und setze ein Zeitlimit. Zum Beispiel: Heute Nachmittag misten wir drei Stunden lang gemeinsam das vordere Regal im Keller aus, und danach bestellen wir Pizza.
3. **Alles rausholen.** Den Bereich, der geordnet werden soll, wirklich ganz leer räumen, sonst schiebst du die Sachen nur von rechts nach links.
4. **Sortieren.** Dazu brauchst du Platz, um Stapel zu bilden oder vier große Kartons, die folgende Sortierung erleichtern:
   – Darf weiterhin im Keller bleiben.
   – Ist besser in der Wohnung aufgehoben.

- Ist kaputt.
- Brauchen wir nicht mehr, ist aber noch voll funktionsfähig (verkaufen, verschenken, spenden).

5. **Platz für Neues schaffen.** Wenn ihr etwas 12 Monate lang nicht im Einsatz hattet, dann braucht ihr es wahrscheinlich nicht mehr. Fragt euch: Ist es den Raum wert, den es einnimmt? Könnte ich dort nicht viel besser etwas Wichtigeres lagern? Oder vielleicht Platz für ein Hobby schaffen, etwa eine Werkbank?
6. **Weg damit.** Bringe die aussortierten Sachen möglichst noch am gleichen Tag zum Wertstoffhof. Das Projekt ist erst fertig, wenn das Zeug aus dem Haus ist. Erst dann ist die Aufgabe abgeschlossen.
7. **Gut ausleuchten.** Für ausreichend Licht sorgen, denn sonst stellt auch in Zukunft wieder jeder alles da ab, wo es noch einigermaßen hell ist – am Eingang.
8. **Einräumen in Zonen.** Nun dürfen alle Dinge, die ihr behalten möchtet, wieder einziehen, aber nicht kreuz und quer durcheinander! Teile den Raum dazu in Zonen ein: z. B. jahreszeitliche Dekoration, Werkzeuge, Sportgeräte, Campingzubehör. Reserviere auch einen Bereich für die Kinder, damit sie leicht an ihre Inlineskates etc. kommen. Platziere Kisten auf Regalen und hänge größere Gegenstände und Werkzeuge mithilfe von Wandhalterungssystemen auf – so bleibt der Fußboden frei.

9. **Durchsichtig und gut verpackt.** Kleinere Gegenstände packst du am besten zum Schutz vor Wasser und Schimmel in transparente Kunststoffbehälter, sonst nehmen die Sachen den typischen muffigen Kellergeruch an.
10. **Beschriften.** Wenn du etwas in einen Behälter ohne Aufschrift steckst, kannst du es genauso gut gleich wegwerfen. Du vergisst schlichtweg, dass du es besitzt. Also bilde sinnvolle Kategorien, beschrifte alle Behälter eindeutig und sichtbar. Dann wird jeder in der Familie schnell wiederfinden, was er sucht.

Garage

Passt dein Auto noch in die Garage? Oder muss es auf der Straße parken, damit dein Gerümpel es schön warm und trocken hat und die Garage als Lagerraum für allerlei Kram dienen kann?

In vielen Garagen steht nicht nur das Auto. Gerade bei Familien ist dort der gesamte Fuhrpark untergebracht: Fahrräder, Roller, Laufräder, Rutschauto, Kinderwagen ... Auch Werkzeug, Rasenmäher und Gartengeräte haben ihren Platz oft in der Garage. Doch was davon ist wirklich nötig und dort sinnvoll aufbewahrt?

So bringst du die Garage in Ordnung

Träume und Pläne. Bevor du beginnst, die Garage auszumisten und aufzuräumen, brauchst du einen Plan: Schau dich in deiner Garage um und überlege genau, wie es dort nach dem Ausmisten aussehen soll. Vergiss das Vorher-Foto nicht, denn hier kann sich eine große Veränderung ergeben, die du unbedingt dokumentieren solltest, um später zu sehen, was du geleistet hast.

Alles muss raus. Räume die Garage zunächst komplett leer. Wenn hier richtig viel lagert, kannst du das Projekt aber auch in kleinen Einheiten angehen. Kiste für Kiste, Regal für Regal. Nimm auch dann die Sachen aus der Garage raus und arbeite deine Kiste draußen oder anderswo im Haus ab. Wenn du die Sachen aus ihrer gewöhnlichen Umgebung herausnimmst, fällt es dir wahrscheinlich viel leichter, einiges loszulassen, anstatt es wieder zurückzulegen.

Sortieren. Sammle alles, was du später wieder ordentlich einräumen willst, an einem Platz. Eine Kiste oder einen Müllbeutel brauchst du für Dinge, die entsorgt werden sollen und in eine weitere Kiste kommen die Sachen, die du verkaufen, spenden oder verschenken willst.

Ordnung schaffen. Ähnlich wie im Keller sind Regale gut geeignet, um verbleibende Sachen übersichtlich und leicht zugänglich zu lagern.

Super ist es, wenn du die Garagenordnung in Zonen unterteilst: Garten, Auto, Urlaub, Sport, Kinderfahrzeuge. Diese Ordnung kannst du auch gut der ganzen Familie vermitteln. Autoreifen, Wintersportgeräte, Schneeschaufeln usw. kannst du mit Wandhalterungen aufhängen. Kleinteile sind gut in transparenten Boxen aufgehoben. Auch hier: beschriften nicht vergessen!

POSITIVE GEWOHNHEITEN

Leider ist ausmisten keine Aktion, die du nur einmalig durchzuführen brauchst und nach der dann dein Zuhause automatisch und für alle Ewigkeit ordentlich bleibt. Aber wenn du neue Routinen entwickelst, hast du sehr gute Chancen, dass es frei von unnötigem Kram bleibt. Positive Gewohnheiten sind wahre Geheimwaffen im Kampf gegen unnötiges Zeug und Unordnung.

Hilfreiche Gewohnheiten einführen

Sich von unnötigem Dingen zu befreien, ist fantastisch. Noch besser ist es, wenn es auch kramfrei bleibt.

Vielleicht hast du jetzt, da du schon so vieles ausgemistet hast, bemerkt, welche Bereiche in deinem Zuhause Krempel geradezu magisch anziehen. Das könnten zum Beispiel die Küchenarbeitsplatte, eine Kommode oder der Esstisch sein.

Nachdem du nun das meiste an Überflüssigem entfernt hast, verstehst du den natürlichen Fluss der Dinge in deinem Zuhause besser und erkennst, welchen Bereichen du tägliche Aufmerksamkeit schenken solltest. Wenn eh alles voll steht, gehen Dinge, die sich nicht am richtigen Platz befinden, quasi in der Masse unter. Sind die Oberflächen generell frei, fällt es einem eher auf, dass man wieder etwas liegen gelassen hat.

Krimskrams zieht Krimskrams an. Darum sind hilfreiche Routinen so wichtig, um das Chaos in Schach zu halten.

Wenn du nicht willst, dass sich die eben freigeräumten Flächen wieder mit Kram füllen, brauchst du ein paar neue Verhaltensweisen, die dir helfen. So gut du mit einer Diät abnehmen kannst, du brauchst eine dauerhafte Veränderung deines Verhaltens, damit du dauerhaft dein Gewicht halten kannst (Bewegung statt chillen auf dem Sofa, Apfel statt Chips usw.).

Der Trick ist, tägliche positive Routinen in deinen Alltag einzuführen, durch die das Gerümpel nie mehr wieder zurückkommen kann.

Jede Familie ist anders, jeder Tagesablauf ist anders. Darum ist es wichtig, dass du deine eigenen Routinen entwickelst, die für dich und deine Familie passen.

Ich liste dir hier noch einmal hilfreiche Gewohnheiten auf, und du entscheidest, was für dich hilfreich ist:

- Schlafzimmer: Mache dein Bett jeden Morgen direkt nach dem Aufstehen und Lüften.
- Badezimmer: Wische die Wachbecken jeden Abend aus und bringe alles Herumstehende an seinen Platz zurück.
- Kinderzimmer: Mache mit deinen Kindern zusammen eine abendliche Aufräumrunde, in der ihr alles an seinen Platz zurückbringt. Aufgebautes bekommt einen speziellen Platz, an dem es für eine Weile stehen bleiben darf.
- Küche: Räume jeden Abend die Küchenarbeitsplatte komplett frei und wische das Spülbecken aus.
- Eingangsbereich: Sind alle Jacken aufgehängt, stehen die Schuhe an ihrem Platz? Liegt nichts am Boden herum?

- Ganze Wohnung: Gehe mit einem Wäschekorb o.Ä. durch die Wohnung, sammle dabei alles ein, das nicht an seinem Platz ist, und drehe eine weitere Runde, in der du alles wieder an seinen Stammplatz zurückbringst. Dabei können sich natürlich alle Familienmitglieder beteiligen, umso schneller werdet ihr fertig sein.

DEINE AUFGABE: ENTWICKLE HILFREICHE GEWOHNHEITEN

Suche dir zunächst eine einzelne Gewohnheit aus und führe sie eine Woche lang durch. Stecke dein Ziel dabei nicht zu hoch, sondern bleibe realistisch. Wenn das gut klappt, kannst du die nächste Routine einführen, wenn diese eingeübt ist, die nächste und so fort.

Kaufgewohnheiten ändern

Nachdem du dein Zuhause grundlegend ausgemistet und deinen Besitz deutlich reduziert hast, spürst du die unglaubliche Leichtigkeit, die sich dadurch einstellt. Nun ist es wichtig, diesen Zustand erhalten zu können und nicht innerhalb weniger Wochen und Monate wieder „zugerümpelt" zu sein.

Wir haben fast täglich Sendungen im Briefkasten, kaufen Sachen, wir bekommen Sachen geschenkt, wir leihen uns Sachen. Das passiert schleichend und unauffällig, ohne dass wir es wirklich wahrnehmen. Wir sind es von klein an gewohnt. Unser gesamtes Wirtschafts- und Gesellschaftssystem ist darauf ausgelegt, dass wir Sachen anhäufen, die wir nicht brauchen, bis unser Wohnraum aus allen Nähten platzt und wir in eine größere Wohnung ziehen müssen.

Um nicht in diese Falle zu tappen, musst du die Gründe hinter deinem bisherigen Kaufverhalten verstehen.

Warum kaufst du Dinge, die du nicht brauchst?

Du willst auch haben, was andere haben

Du siehst die tollen Ballerinas deiner Lieblingsfarbe im Angebot – und bestellst sie dir. Du hast zwar schon zwanzig Paar Schuhe, aber das ist ja normal. Euer Sofa ist doch schon arg abgenutzt und die Farbe doch ziemlich altbacken, oder? Ein modernerer Wäschetrockner und ein größerer Fernseher? Das gehört einfach dazu, so was haben heutzutage doch alle.

Das steckt dahinter: Wir passen uns unterbewusst an unser Umfeld und an die Gesellschaft an. Wir vergleichen uns permanent und wollen das haben, was alle haben, was als normal angesehen wird.

Du wünschst dir Veränderung

Dein Alltag ist langweilig, jeden Tag dasselbe: arbeiten, essen, einkaufen, Kinder bespaßen, schlafen. Öfter mal was Neues wäre schön. Wenn schon nicht im Leben, dann zumindest in der Wohnung. Regelmäßig neue Bettwäsche und Dekosachen braucht man schon. Oder?

Als Freizeitbeschäftigung

Immer wenn du dir etwas kaufst, verschafft dir das einen kurzen Glückskick. Shopping ist für viele zur Freizeitbeschäftigung geworden. Die Jagd nach Schnäppchen, das Gefühl etwas tolles Neues in den Händen zu halten, das ist aufregend. Oft kaufen wir etwas einfach nur um des Kaufens willen, und nicht weil wir es brauchen. Jede Neuanschaffung spricht unser Belohnungssystem an. Wir gönnen uns etwas.

Weil es dir nicht gut geht

Es können unterschiedliche negative Gefühle dahinter stecken, z. B. Langeweile, Unruhe, Unzufriedenheit mit dir selbst oder Einsamkeit. Wenn du aus diesen Gefühlen heraus kaufst, steigt die

Wahrscheinlichkeit, dass du immer unglücklicher wirst. Denn kaufen stillt dein Bedürfnis nicht. Der „Kaufkick" überdeckt lediglich kurzfristig die negativen Gefühle.

Egal, was in unserem Leben so passiert, wir gehen uns etwas kaufen. Kaufen ist die Allzwecklösung für alle möglichen Ereignisse und Probleme. Wir denken gar nicht mehr großartig darüber nach. Kaufen ist zu etwas völlig Selbstverständlichem, Beiläufigem geworden. Wir kaufen uns einfach etwas.

Das Problem an der Sache ist: Wir können uns noch so viel kaufen, so richtig glücklich macht uns das nie. Der kurze Glückskick nach dem Kauf ist schnell vorbei. Und dein Leben wird von den vielen Dingen nie spürbar besser. Eher das Gegenteil ist der Fall.

Um in Zukunft bewusste Kaufentscheidungen zu fällen, kannst du dich Folgendes fragen:

1. Brauchst du den Gegenstand wirklich? Wie oft wirst du ihn verwenden? Brauchst du ihn vielleicht nur eine Woche lang und schaust ihn danach nie wieder an? Oder verwendest du ihn nur einmal im Jahr und könntest ihn dann genauso gut von jemandem ausleihen?
2. Ist dies ein geplanter Kauf?
3. Könnte dieser Gegenstand bei der nächsten Ausmistrunde auf dem „Kann weg"-Stapel landen?
4. Hast du das Geld für diesen Kauf, oder überziehst du damit dein Budget?
5. Hast du bereits etwas Ähnliches oder etwas, das diesselbe Funktion erfüllt?
6. Wo wirst du das neue Stück aufbewahren? Wenn du gerade damit beschäftigt warst, Platz zu schaffen und dich bemüht hast, für jedes verbliebene Ding einen passenden Platz zu finden, wirst du dir zweimal überlegen, ob du wieder ein Teil mehr haben möchtest, das verstaut werden muss.

7. „Liebst" du das Ding? Findest du diesen Gegenstand absolut genial und hast du echt Freude daran? Wird er dein Leben erleichtern, oder doch eher komplizierter machen? Wie groß ist der Mehrwert, den er schafft?

Wenn du das nächste Mal den Drang verspürst, etwas zu kaufen, was nicht auf deiner Einkaufsliste steht, lege es erst einmal zurück in die Auslage und schlafe ein paar Nächte darüber. In den meisten Fällen wird der Kaufimpuls dann längst verschwunden sein.

Beim Gedanken daran, wie viel Geld du dir mit diesen Überlegungen sparst, kannst du dich gleich auf die nächste Reise freuen. Davon hast du dann wirklich was (siehe Kapitel „Erlebnisse machen glücklicher als Dinge").

Denke daran: Du besitzt bereits alles, um ein glückliches und zufriedenes Leben zu führen.

30 Tage Shoppingpause

Hast du Lust auf eine Challenge, um dich auf „weniger kaufen“ einzustimmen? Challenges sind ein wunderbares Mittel, um sich über einen bestimmten Zeitraum hinweg zu etwas zu motivieren. Das Ziel dabei ist zum einen, innerhalb der vorgegebenen Zeit Fortschritte in diesem Bereich zu machen. Zum anderen etabliert man dabei neue gute Gewohnheiten.

Eine 30-Tage-Shoppingpause kann dir helfen, einfacher zu leben und auf unnötiges Shopping zu verzichten. Es geht darum, die Dinge zu nutzen, die man bereits besitzt. Beziehungen und die eigenen Prioritäten treten wieder in den Vordergrund. Dankbarkeit für das, was man hat, kann neu wachsen. Hast du Lust auf dieses Experiment? Kannst du einen ganzen Monat lang auf unnötigen Konsum verzichten?

DIE EINFACHEN REGELN FÜR DIE 30-TAGE-SHOPPINGPAUSE

- 30 Tage lang nichts Neues kaufen. Ausgenommen sind: Lebensmittel, Drogerie-/Haushaltsartikel (wenn das bisherige Produkt aufgebraucht ist).
- Wenn etwas Wichtiges kaputtgeht: zunächst reparieren, wenn das nicht geht, ersetzen (möglichst durch etwas Gebrauchtes).
- Leihen und tauschen sind nicht nur erlaubt, sondern sogar ausdrücklich erwünscht. Werde kreativ!

Probiere es einfach mal aus und lasse dich überraschen, was du dabei über dich und dein Einkaufsverhalten lernst. Wenn ihr, du und deine Familie, euch darauf einlasst, wird dieses Experiment sicher ein Augenöffner sein und ein großer Schritt auf dem Weg zu einem einfach guten Leben.

So kaufst du weniger ein

Täglich werden wir mit Werbebotschaften konfrontiert, die uns versprechen, dass wir nur dieses Produkt kaufen müssen, um schöner und begehrenswerter zu sein, jenes, um erfolgreich und glücklich zu sein. Wir haben schon so einiges in unserem Leben gekauft. Wurden die vollmundigen Versprechen eingelöst?

Mit diesen einfachen Tipps schaffst du es, zukünftig weniger zu kaufen

Sich weniger Werbebotschaften aussetzen

Oft kaufen wir Dinge, weil sie uns vorgeschlagen oder schmackhaft gemacht werden. Werbeflyer versprechen uns das nächste Schnäppchen und auch die Rabattaktionen bei Newslettern können zu spontanen Käufen verleiten. Deswegen heißt es hier: abbestellen. Newsletter könnt ihr mit einem einfachen Klick – meistens ganz unten in der Mail – abbestellen. Das Eintrudeln von Werbeflyern könnt ihr verhindern, indem ihr auf eurem Briefkasten einen „Bitte keine Werbung"-Sticker oder -Zettel anbringt.

Weniger Fernsehen

Wie oft bist du eigentlich genervt, weil die spannendste Stelle des Films plötzlich von Werbung unterbrochen wird? Auch Zeitschriften strotzen nur so von Werbebotschaften. Vielleicht könntest du auch hier reduzieren?

Nicht „bummeln gehen"

Gehe nicht einfach so in ein Geschäft, nur um mal zu gucken. Gehe nur einkaufen, wenn du wirklich eine konkrete Kaufabsicht hast. Wenn du doch in der Stadt unterwegs bist, nimm wenig Bargeld mit und keine EC- oder Kreditkarte.

Alternative Einkaufsorte besuchen

In normalen Supermärkten wird man oft von allen Seiten mit Kaufempfehlungen beschallt und aus jedem Regal leuchten einem grelle Produktverpackungen und „reduziert"-Schilder entgegen. Das kannst du ganz einfach umgehen, indem du deine Einkäufe möglichst woanders erledigst. Wochenmärkte, Unverpackt-Läden und kleinere Bioläden sind gute Anlaufstellen dafür. Außerdem ist das Einkaufen hier deutlich entspannter, du bist nicht von der schieren Menge an Entscheidungen, die du treffen musst, überfordert (welche von den 30 Sorten Joghurt soll ich kaufen?). Du kaufst automatisch weniger verarbeitete Lebensmittel und somit gesünder ein.

Leihen statt kaufen

Gerade für eine Familie mit Kindern gibt es viele Dinge, die man nur vorübergehend benötigt, in einem bestimmten Alter oder einer bestimmten Entwicklungsstufe des Kindes. Die Anschaffung dieser ganzen Sachen kostet richtig Geld und schnell sind Klamotten schon wieder zu klein, die Spielsachen uninteressant. Wie wäre es denn mit leihen statt kaufen? Das spart nicht nur Geld, sondern schont auch die Umwelt, und Spaß macht es noch dazu!

Spielzeug: Im Kinderzimmer türmt sich das Spielzeug zu Bergen auf, und oft spielen die Kinder nur mit einem kleinen Teil davon wirklich. Um die Spielzeugflut im Kinderzimmer einzudämmen, sind Leihspielzeuge und Spielzeugkisten eine tolle Möglichkeit. Wenn deine Kinder kein Interesse mehr an den Sachen haben, kannst du das Spielzeug einfach zurückgeben und dafür etwas Neues anfordern. Und eure eigene Spielzeug-Grundausstattung kann minimalistisch bleiben. So ein Abo ist auch eine schöne Geschenkidee.

Babyausstattung: Die Babywippe, die Babytrage oder das Beistellbett benötigt ihr nur kurze Zeit, Reisebettchen oder Rückentrage nur für den Urlaub. Auch Babyausstattung könnt ihr günstig leihen.

Kleidung: Je kleiner das Kind, umso schneller ist es aus seiner Kleidung rausgewachsen. Es gibt mittlerweile einige Anbieter, bei denen du Baby- und Kinderkleidung mieten kannst. Alternativ dazu bietet sich gerade bei Kinderkleidung an, Sachen gebraucht zu kaufen. Das ist meist auch noch sehr günstig.

Partyausstattung: Wenn bei euch der nächste Kindergeburtstag ansteht, könnt ihr das Equipment wie große Dekoelemente, Kostüme oder Spielsachen ganz einfach ausleihen. Auch wenn ihr für ein großes Fest z. B. viel Geschirr benötigt, könnt ihr das leihen, entweder im Freundeskreis oder bei einem Partyverleih.

Bücher: Auch Kinderbücher kosten Geld und brauchen Platz. Da kann ganz schön was zusammenkommen. In der örtlichen Bibliothek gibt es Bücher für jedes Alter für eine geringe Gebühr auszuleihen. So habt ihr eine unglaublich große Auswahl, müsst aber nicht alles zu Hause aufbewahren.

Geräte: Auch bei Werkzeugen und manchen Küchengeräten gilt: Man muss nicht alles selbst besitzen – sinnvoller ist es, Bohrmaschine, Leiter, Waffeleisen, Fondue-Set und auch die Nähmaschine in der Nachbarschaft hin und her zu tauschen. Vielleicht habt ihr Lust, eine Tauschbörse oder ein Verzeichnis zu organisieren, in dem jeder angibt, was man bei ihm ausleihen kann. So spart ihr nicht nur Geld, sondern kommt auch mit vielen Leuten in eurer Umgebung in Kontakt und knüpft vielleicht sogar neue Freundschaften.

Erlebnisse machen glücklicher als Dinge

„Kaufen macht glücklich“ suggeriert uns die Werbung. Doch das Glück, das wir beim Kauf von Gegenständen erleben, ist nur von kurzer Dauer.

Früher dachte ich, mein Geld wäre besser angelegt in Dingen, wie z. B. einem neuen Sofa, das ich jahrelang nutzen könnte, anstatt in einer Reise, die nach wenigen Tagen bereits wieder vorbei ist. Erlebnisse vergehen wieder und manchmal viel zu schnell und man hält danach nichts in Händen. Das war, bevor ich das Thema Minimalismus für mich entdeckt hatte. Inzwischen kaufen wir weniger Dinge und nutzen unser Geld mehr für gemeinsame Erlebnisse.

Schöne Erlebnisse machen uns nachhaltiger glücklich als neue Dinge. An materielle Dinge gewöhnen wir uns schnell. Ihr Wert verliert für uns mit der Zeit an Bedeutung. Erlebnisse bleiben aber länger im Gedächtnis. Was unsere Persönlichkeit letztlich wirklich ausmacht, sind die Dinge, die wir erlebt haben, und was wir getan haben, die Orte, an denen wir gewesen sind, und die Menschen, die wir kennengelernt haben.

Deine Erlebnisse gehören zu deiner Vergangenheit und sind somit ein Teil von dir. Sie haben einen enormen Einfluss darauf, wie du die Welt siehst, und sie sind es, die am Ende deines Lebens vor deinem inneren Auge vorbeiziehen werden, nicht die Reihe an Gegenständen, die du im Laufe deines Lebens erworben hast.

Schöne Erlebnisse werden dir nie zur Last. Die meisten Gegenstände dagegen haben eine begrenzte Lebensdauer und werden früher oder später zu Gerümpel, das dich belastet.

Besonders wertvoll sind Erlebnisse, die du mit anderen Menschen teilst. Sie stärken eure Beziehung zueinander und werden zu gemeinsamen Erinnerungen. Es müssen dabei nicht immer unglaublich spektakuläre Unternehmungen sein.

DEINE AUFGABE: PLANE UNTERNEHMUNGEN MIT ANDEREN

Überlege, mit wem ihr mal wieder etwas gemeinsam unternehmen könnt, das sich unkompliziert umsetzen lässt, z. B.:

- Picknick
- Radtour
- wandern
- spazieren gehen
- eine Ausstellung besuchen

Gerümpelfreie Geschenkideen

Für Kinder

Mit jedem Geburtstag, Weihnachtsfest oder auch zwischendurch strömt weiteres Spielzeug in die Kinderzimmer. Das kann die einmal geschaffene Ordnung schnell wieder ins Chaos kippen lassen. Gut bewährt hat es sich, vor jedem Geburtstag, Weihnachten oder anderem Geschenkanlass präventiv die vorhandenen Sachen durchzugehen und auszusortieren.

Und der nach dem Entrümpeln wichtigste Punkt ist es, gar nicht erst so viel Spielzeug hereinkommen zu lassen, z. B. mithilfe der folgenden gerümpelfreien Geschenkideen für Kinder. Und mal ehrlich: Meistens freuen sich die Kinder und die Schenkenden doch viel mehr über gemeinsame Erlebnisse und gemeinsam verbrachte Zeit, als über das hundertste Spielzeug.

Geschenkvorschläge

- Gemeinsame Unternehmung, wie Kino, Streichelzoo, Indoorspielplatz
- Jahreskarte für Zoo, Freizeitpark, Museum
- Musik als Download
- Stifte oder anderes Bastelmaterial, das verbraucht wird
- Reitunterricht, Mitgliedschaft im Sportverein, Musikschule
- Zehnerkarten fürs Schwimmbad
- Karten für einen Indoor-Spielplatz
- Gemeinsame Ausflüge
- Pizza oder Eis essen gehen
- Karten fürs Puppentheater
- Wenn es unbedingt Spielzeug sein soll, zusammenlegen und ein hochwertiges Stück kaufen oder Ergänzungen zu einem vorhandenen Set, mit dem gern gespielt wird

Für Erwachsene

Auch Erwachsene lieben Erlebnisse. Das wertvollste Geschenk ist Zeit und eine gemeinsame Erinnerung.

Geschenkvorschläge

- ein gemeinsames Essen
- ein Tagesausflug
- ein Malkurs
- ein Dinner im Dunkeln
- ein Escape-Room-Abenteuer
- eine Wochenendreise

Etwas zum Essen oder Trinken
Über eine schöne Flasche Wein, ein Glas Marmelade, leckere Kekse oder eine Schachtel Pralinen freut sich fast jeder. Solch ein Geschenk erfüllt seinen Zweck, den Beschenkten glücklich zu machen und anschließend liegt nichts herum.

Etwas Selbstgemachtes

Wenn du kreativ bist, dann verschenke etwas Selbstgemachtes: einen selbst gestrickten Schal, eine gehäkelte Mütze, selbst gesiedete Seife ... Bei einem Gebrauchsgegenstand oder Deko überlege vorher kurz, ob die betreffende Person dein Geschenk auch gebrauchen kann und solche Sachen haben möchte.

Eine Spende

Wenn wir ehrlich sind, haben die meisten von uns eigentlich schon viel mehr, als wir brauchen. Es gibt viele Menschen auf der Welt, denen es schlechter geht als uns. Eine Spende für einen guten Zweck oder eine Organisation, die dem Beschenkten am Herzen liegt, ist ein gerümpelfreies Geschenk mit wunderbarem Nutzen.

Kurse und E-Books

Online-Kurse und E-Books nehmen keinen Platz im Regal weg, sind hilfreich und machen Spaß!

Umgang mit Geschenken

Es ist eine Sache, die Anzahl der Dinge zu kontrollieren und zu beschränken, die du in dein Zuhause lässt. Aber es ist noch mal eine andere Sache, wenn jemand dir Dinge schenkt.

Es ist sehr schwer, jemanden davon zu überzeugen, dir nichts zu schenken. Anstatt darum zu bitten, zu einem Anlass ganz von Geschenken abzusehen, können die folgenden Möglichkeiten dir helfen, weniger unnötige Dinge geschenkt zu bekommen:

- Bitte um Dinge, die du wirklich gebrauchen kannst, wie z. B. neues Zubehör für ein Hobby.
- Wünsche dir Erlebnisse, und dafür Kinokarten, Tickets für eine Veranstaltung, einen Freizeitpark, Gutscheine für ein Restaurant usw. Oder bitte um Geschenke, die man essen, trinken oder auf andere Art und Weise verbrauchen kann.
- Stelle vor einem Anlass, wie deinem Geburtstag oder Weihnachten, am besten eine Wunschliste zur Verfügung und das so früh wie möglich, sodass deine Lieben dir etwas schenken können, das du brauchen kannst und worüber du dich freuen wirst.
- Verfahre so nicht nur mit Geschenken für dich selbst, sondern auch für deine Kinder.

Sollten sich nicht alle Schenkenden an deine Bitte halten, dann mache dir bewusst, dass das nicht deine ganzen bisherigen Erfolge zunichtemacht.

Schenken ist für viele die Liebessprache schlechthin. Nimm das also möglichst nicht zu wichtig, bleibe entspannt und akzeptiere auch unerwünschte Geschenke mit einem kurzen Danke. Ob du diese Geschenke dann behältst oder gleich weitergibst, bleibt dir überlassen.

Eines rein, eines raus

Du kannst deine gesamte Zeit und Energie ins Ausmisten deines Zuhauses investieren. Du kannst kartonweise Sachen spenden, du kannst zig Mülltüten füllen und entsorgen.

Wenn du anschließend weiterhin Dinge ungefiltert in dein Haus lässt, wenn du weiterhin wie gewohnt einkaufst, kostenlose (Werbe-)Geschenke und Pröbchen annimmst, wenn du einfach weitermachst, wie zuvor, dann wird dein Zuhause nie dauerhaft freier, leichter und luftiger werden.

Um das zu vermeiden, kannst du die Regel „eines rein, eines raus" anwenden. Für jeden Gegenstand, der in die Wohnung kommt, verlässt ein anderer die Wohnung. Eigentlich ganz einfach, oder?

Wie oft hast du schon etwas Neues gekauft, um etwas Altes, Abgetragenes zu ersetzen und hast dann das Alte trotzdem behalten, nur zur Sicherheit?

Das Schöne ist, dass diese Regel auf alles anzuwenden ist. Von Kleidung und Schuhen über Dekoartikel zu Haushaltsutensilien. Überlege dir also ganz genau vor einem Einkauf, ob du dieses Teil wirklich benötigst und welches andere du dafür weggeben wirst. Sobald du mit dem neuen Teil nach Hause kommst, kümmerst du dich darum, ein altes Teil wegzugeben. Schiebe das am besten nicht auf, sonst passiert es vielleicht nie, und ehe du dichs versiehst, hast du wieder die Schränke voll.

Mit dieser Methode wird sich die Menge an Dingen in deinem Haus nicht weiter erhöhen und du kannst den erreichten Zustand erhalten oder weiter auf dein Ziel zustreben.

Die Ausgangsbox

Wie kannst du es dir und deiner Familie einfacher machen, die vielen Sachen, die ins Haus kommen, wieder hinauszubefördern? Stelle eine Ausgangsbox auf!

Ihr werdet im Laufe der Zeit weiterhin auf größere und kleinere Dinge stoßen, die ihr gehen lassen wollt. Und da ihr nicht für jeden einzelnen Gegenstand zum Sozialkaufhaus oder Wertstoffhof fahren werdet, braucht ihr einen Platz, an dem ihr solche Sachen aufbewahrt. Es muss für alle so einfach wie möglich sein, die Dinge loszuwerden, eigentlich einfacher, als sie wieder zurück in irgendeine Schublade zu stopfen.

Diese Box muss groß genug sein, damit auch größere Dinge reinpassen, sie muss auffällig sein, sodass alle Familienmitglieder sie problemlos finden, und sie muss bequem erreichbar sein. Achtung: Sollten Kleinkinder in eurem Haushalt leben, stelle die Box unbedingt außerhalb deren Reichweite auf! Ansonsten ist das Chaos vorprogrammiert.

Ihr könnt einfach alles wild durcheinanderwerfen. Natürlich müsst ihr euch später ans Sortieren machen. Das Wichtigste ist aber, dass die Dinge erst einmal schnell und unkompliziert in der Ausgangsbox landen. Das macht es einfacher, sie loszulassen. Wenn man sich bei jedem Gegenstand erst lange Gedanken darum machen muss, wohin damit, besteht die Gefahr, dass man ihn einfach da lässt, wo er ist.

Je nachdem, wie schnell ihr die Box füllt, solltet ihr sie wöchentlich oder monatlich durchgehen und sortieren (verkaufen, verschenken, spenden), damit ihr jederzeit Platz habt, etwas schnell und einfach gehen zu lassen.

DEINE AUFGABE: STELLE EINE AUSGANGSBOX AUF

Suche eine hübsche Box, die du als Ausgangsbox nutzen kannst, und erkläre deiner Familie den Sinn dieser Box. Bitte sie, sie mit zu befüllen und beteilige sie – je nach Alter der Kinder – am Durchgehen und Sortieren.

Die Chaos-Kiste

Du hast einen Bereich, z. B. das Wohnzimmer, komplett ausgemistet und bist mit dem aktuellen Zustand sehr zufrieden. Wären da nicht die anderen Familienmitglieder, die ihren ganzen Kram einfach überall herumliegen lassen und deine Arbeit wieder zunichtemachen.

Wie gehst du am besten mit den Sachen der anderen um, die dich nerven, die du nicht in diesem Bereich haben willst und die hier auch definitiv nicht hingehören? Prinzipiell solltest du dich nie am Gerümpel von anderen vergreifen. Das gibt garantiert Zoff. Doch du kannst die herumliegenden Dinge postwendend wieder zu ihrem Besitzer zurückschicken.

Du hast verständlicherweise aber keine Lust, deiner Familie ihre Sachen hinterherzuräumen. Musst du auch gar nicht. Die Lösung: eine Chaos-Kiste für jedes Familienmitglied. In diese Kiste wandert ab sofort alles, was liegen gelassen wurde, seien es die Malstifte auf dem Esstisch oder die Jacke auf dem Boden. Vielleicht hast du bereits passende Kisten zu Hause. Jetzt nur noch Namensschilder oder laminierte Fotos daran befestigen und die Kisten befüllen. Der Clou der Chaos-Kisten: Du räumst zwar weg und hast wieder Ordnung in der Wohnung, aber du machst deiner Familie gleichzeitig deutlich, wie viel Kram sie täglich so herumliegen lässt und du räumst deiner Familie nicht hinterher!

Kleinere Kinder benötigen fürs Aufräumen des Kisteninhalts noch deine Hilfe. Größere Kinder sollten das aber schon alleine können. Es kann natürlich auch vorkommen, dass eine Kiste irgendwann überquillt. Für diesen Fall solltet ihr vereinbaren, dass dann alles in einer Tüte für drei Wochen auf den Dachboden wandert oder der Inhalt auf das Bett gekippt wird und somit zwingend aufgeräumt werden muss.

Oft wird sich auch zeigen, dass ganz vieles, was in der Kiste landet, gar nicht vermisst wurde und gehen darf.

Wenn du hübsche Kisten hast, die dir gefallen, kannst du sie offen in ein Regal stellen, ansonsten versteckst du sie einfach im Schrank. Sollte der Platz nicht ausreichen, dass eine Kiste pro Familienmitglied aufgestellt werden kann, benutzt eine größere Kiste für alle zusammen. Da ist dann eben regelmäßiges gemeinsames Sortieren dran. Ihr könnt ja auch einen kleinen Wettbewerb draus machen, von wem im Lauf der Woche am wenigsten Dinge dort gelandet sind. Derjenige ist dann der Ordnungskönig und bestimmt, was es zum Abendessen gibt.

Experimentiert ein wenig

Vielleicht hast du Lust auf ein paar Experimente, um zu sehen, wie minimalistisch ihr als Familie leben mögt.

1. Überlegt euch einen Gegenstand, eine Art von Besitz, bei dem ihr ausprobieren möchtet, ohne ihn oder mit einer reduzierten Anzahl davon zu leben.
2. Wähle eine bestimme Anzahl oder entscheide dich dafür, den Gegenstand komplett zu entfernen.
3. Überlege dir einen Zeitraum für dein Experiment.
4. Gibt es weitere Regeln, die für dein Experiment nötig sind?
5. Lege los!

Hier sind ein paar Vorschläge:

- **Fernseher:** Könntet ihr den Fernseher abschaffen, oder zumindest den im Schlafzimmer? Oder könntet ihr die Zeit reduzieren, in der ihr fernseht? Welche Auswirkungen könnte das auf euer Leben haben?
- **Dekoartikel:** Wie könnte sich dein Zuhause verändern, wenn jeder einzelne Dekorationsgegenstand eine persönliche Bedeutung für dich hätte, anstatt einfach nur nett auszusehen? Wie wäre es, wenn du für die nächsten zwei Wochen ein Viertel der Deko entfernen würdest oder die Hälfte? Wie würde sich dein Zuhause anfühlen?

- **Möbel:** Es verlangt dir zwar etwas Räumerei ab, aber Möbelstücke aus deinem Zuhause zu entfernen, schafft sofort Platz, Licht und Luft. Dann merkst du erst, wie viel Platz diese unnötigen Möbelstücke tatsächlich eingenommen haben.
- **Digitales:** Könnten dir ein paar Grenzen in deinem digitalen Leben guttun? Könntest du Handy und Laptop für ein Wochenende ausschalten? Wäre es möglich, ein paar Apps auf deinem Smartphone für eine gewisse Zeit nicht zu nutzen? Kannst du deine Zeit auf Facebook oder Instagram auf 15 Minuten am Tag beschränken?

DEINE AUFGABE: EXPERIMENTIERE

Führe zusammen mit deiner Familie ein oder mehrere Experimente durch und beobachtet und besprecht, welche Auswirkungen sie auf euch haben.

Kalender ausmisten

Ist dir eigentlich bewusst, wie wichtig deine Zeit ist?

Wenn du deinen Kalender füllst bis an den Rand, dann fühlt es sich für dich an, als ob dein Leben einfach so passiert und du nur noch passiv auf all das reagieren kannst, was täglich auf dich einprasselt.

Wenn du keine Zeit mehr hast, einen Spaziergang zu machen, das Buch zu lesen, das schon seit Wochen auf deinem Nachttisch wartet, eine Freundin zum Kaffee zu treffen oder in Ruhe deinem Kind zuzuhören, dann läuft etwas gewaltig schief. Wenn du keine Zeit mehr hast, dich um dich selbst zu kümmern und Dinge zu tun, die dir Freude machen, wirst du immer das Gefühl haben, dass dir die Zeit nur so durch die Finger rinnt und du wirst früher oder später völlig erschöpft, unglücklich oder sogar deprimiert sein. Jetzt stell dir vor, wie es wäre, wenn du mehr Zeit hättest für die Menschen, die du liebst und für all die Erlebnisse, die dir Freude machen.

Um dein Leben zu vereinfachen, geht es nicht nur darum, unnötige Gegenstände wegzugeben, sondern genauso unnötige Verpflichtungen und Termine loszulassen, um eine gesunde Balance zwischen verschiedenen Aktivitäten und Zeit für sich selbst zu halten.

Was würde passieren, wenn du in Zukunft selbst bestimmst, wofür du deine Zeit verwendest, anstatt vom permanenten Zeitmangel getrieben zu sein? Was, wenn du die Dinge aus deinem Kalender entfernen würdest, die nicht zu deinen Prioritäten passen?

Wie du wieder Platz in deinem Kalender schaffen kannst

- Stelle alle regelmäßigen Aktivitäten und Verpflichtungen infrage. Nur, weil du etwas immer so gemacht hast oder schon lange dabei bist, heißt das nicht, dass du es weitermachen musst. Schau dir deinen Kalender an und überlege, was dir im Moment eher Last als Lust ist und deshalb für dich nicht mehr funktioniert.
- Schau dir die Dinge in deiner Planung an, die für dich gerade gut funktionieren. Gehst du regelmäßig zum Yoga, das dir dabei hilft, dich zu entspannen? Wunderbar! Behalte das auf jeden Fall bei. Triffst du dich monatlich mit Freundinnen und genießt die kleine Auszeit und den Themenwechsel? Perfekt! Stelle sicher, dass du solche Termine nicht absagst.
- Wie viele Termine haben deine Kinder? Sprich mit ihnen darüber. Fühlen sie sich bei allen Aktivitäten wohl, oder gibt es etwas, das ihnen gar nicht mehr so viel Spaß macht?
- Lasse einen Tag in der Woche unverplant. Einen Tag in der Woche zu haben, an dem keine Termine anstehen, hat eine große Wirkung. So ein Tag hilft allen Familienmitgliedern, die Batterien wieder aufzuladen.

- Plane Zeit für Selbstfürsorge ein. Was tut dir gut? Gehst du gerne alleine spazieren, nimmst ein langes Bad oder liest ein gutes Buch? Anstatt darauf zu warten, dass irgendwann zwischendurch mal Zeit dafür sein wird, plane solche Aktivitäten gezielt ein. Nur, wer sich gut um sich selbst kümmert, kann sich gut um andere kümmern.
- Reflektiert dein Kalender, was dir im Leben wichtig ist? Das ist es, worauf wir eigentlich hinarbeiten, ein Kalender, der widerspiegelt, welche Prioritäten du im Leben hast. Sieh dir deinen Kalender an und stelle dir selbst diese Frage. Es ist alles eine Sache der Perspektive.

DEINE AUFGABE: MACHE EINEN KALENDER-CHECK

Nimm dir deinen Kalender vor und identifiziere die Termine, die du künftig streichen willst und die du auf jeden Fall beibehalten möchtest. Sprich mit deiner Familie und halte unverplante Zeiten frei.

Wenn du eine Einladung bekommst, oder über eine Aktivität oder Verpflichtung nachdenkst, ziehe ein „Nein" als Antwort in Erwägung.

Bevor du etwas zu deinem Kalender hinzufügst, sei sicher, dass es wertvoll für dein Leben ist und wähle mit Bedacht.

Lerne, Nein zu sagen

Zu den häufigsten Stressauslösern gehört, nicht Nein sagen zu können.

Viele von uns wollen es allen recht machen, sagen viel zu selten Nein und setzen sich selbst damit unter Druck. Aber sieh es mal so: Jedes Ja zu jemand anderem, ist ein Nein zu dir. Deine Zeit und Energie ist begrenzt. Darum ist es wichtig, sie zu schützen und nicht automatisch zu jeder Anfrage Ja zu sagen.

Fällt es dir auch schwer, Nein zu sagen? Warum eigentlich?

- Du willst andere nicht vor den Kopf stoßen oder verletzen.
- Du erhoffst dir Anerkennung und Wertschätzung.
- Du möchtest es allen recht machen und magst keine Konflikte.
- Du fürchtest die Konsequenzen.

In kleinen Schritten kannst du zu einer besseren Neinsagerin werden, denn Nein zu sagen, kann man lernen:

- Mache dir die Ursachen bewusst. Frage dich selbst, warum es dir so schwerfällt, Nein zu sagen. Was befürchtest du, wenn du häufiger Nein sagst?
- Erlaube dir ein Nein. Es ist dein gutes Recht.
- Fordere Bedenkzeit ein. Versuche, auf Bitten und Anfragen nicht sofort zu antworten. Sage deinem Gesprächspartner: „Ich muss darüber nachdenken und melde mich später bei dir", oder „Lass uns morgen darüber reden."

- Mache kleine Schritte. Das Neinsagen ist ein Veränderungs- und Lernprozess.
- Erwarte Widerstand. Die Menschen um dich herum müssen sich erst daran gewöhnen, dass du nicht mehr immer Ja sagst.
- Erkläre gegebenenfalls, warum du Nein sagst, aber bleibe dabei. Du musst dich übrigens nicht automatisch gezwungen sehen, jedes Nein zu begründen. „Nein“ ist eine vollständige Antwort, und du musst dich nicht dafür rechtfertigen.

Lerne deine eigenen Bedürfnisse für genauso wichtig zu halten wie die der anderen. Deine Stressbelastung wird abnehmen, und du tust dir damit etwas Gutes!

DEINE AUFGABE: ÜBE NEIN ZU SAGEN

Wenn das nächste Mal eine Anfrage an dich gerichtet wird, bitte dir zumindest erst mal Bedenkzeit aus. Dann kannst du immer noch Ja sagen, wenn es dir richtig und sinnvoll erscheint, das zu tun, worum man dich gebeten hat. Und denke daran: Du darfst auch Nein sagen!

Keine Angst, etwas zu verpassen

Aus Angst, etwas zu verpassen, hetzen wir durch unser Leben und versäumen in unserer Eile gerade das Wesentliche, den Moment.

Hattest du auch schon das Gefühl, dass du jetzt gerade eigentlich etwas ganz anderes tun solltest, dass du eigentlich ganz woanders sein solltest, dass du immer Angst hast, etwas zu verpassen? Kennst du das Gefühl, generell im Leben falsche Entscheidungen zu treffen und sich Möglichkeiten entgehen zu lassen?

Die Angst etwas zu verpassen, sorgt dafür, dass wir Dinge kaufen, die wir nicht brauchen, weil alle anderen sie ja auch haben, und dass wir Dinge tun, die wir eigentlich nicht tun wollen, weil alle anderen sie auch tun.

So kommt es zu einer inneren Unruhe, die dazu führt, dass du zu viel auf einmal möchtest und von einer Veranstaltung zur nächsten hetzt, statt zu genießen und dir Zeit für etwas zu nehmen.

Es könnte ja hinter der nächsten Ecke schon etwas Besseres, etwas Passenderes, etwas Schöneres warten. Aber ist das wirklich so? Geht es wirklich nur noch darum, sich zu steigern und immer mehr zu besitzen, zu sehen, zu erleben? Die Angst, etwas zu verpassen gerät uns vielmehr in die Quere.

Sie schadet unserem Selbstvertrauen. Wenn du laufend deine Familie, deine Karriere, dein Haus mit anderen vergleichst, kannst du kaum zufrieden sein. Es gibt immer jemanden, der mehr erreicht hat, bei dem alles viel schöner und erstrebenswerter aussieht als bei dir selbst.

Wir nehmen das Gute um uns herum nicht wahr. Einige der schönsten Dinge im Leben sind ganz einfache Dinge. Gemütliche Nachmittage zu Hause mit unserer Familie. Eine nette Unterhaltung mit der Freundin, ein selbst gemaltes Bild deines Kindes. Wenn wir immer nur nach „mehr, größer, besser" streben, verpassen wir solche kleinen Momente, weil wir sie gar nicht recht wahrnehmen.

Hilfreiche Überlegungen

- Nimm dir mehr Zeit, den Moment zu genießen. Mach dir bewusst, was dir wichtig ist, und versuche, die kleinen und großen Augenblicke mehr zu genießen. Es bringt nichts, ständig von A nach B zu eilen, nur damit du am Ende sagen kannst, dass du dabei warst.
- Sei dankbar, für das, was du hast. Vielleicht kann dir ein Dankbarkeits-Tagebuch helfen, in dem du abends festhältst, wofür du an diesem Tag besonders dankbar bist. So kannst du an weniger guten Tagen zurückblättern und dir bewusst machen, dass es so viele Dinge gibt, über die du dich freuen kannst.
- Vergleiche dich nicht mit anderen. Wer macht den schönsten Urlaub, zieht in die tollste Wohnung und führt die beste Beziehung? In sozialen Netzwerken zeigen die meisten vor allem die positiven Erlebnisse ihres Lebens. Da kannst du ganz schnell das Gefühl bekommen, dass du im Vergleich bei allem viel schlechter dastehst. Mach dir bewusst, dass auf Social Media vieles inszeniert wird und ein Foto nie die ganze Wahrheit zeigt. Konzentriere dich vor allem auf dich selbst und deine Familie, auf deine eigenen Ziele und Werte und lass dich nicht von anderen unter Druck setzen.

DEINE AUFGABE: SEI EHRLICH ZU DIR SELBST

Denke darüber nach, ob es Bereiche in deinem Leben gibt, in denen dich die Angst, etwas zu verpassen, davon abhält, etwas anderes zu unternehmen, was du eigentlich tun möchtest. Gibt es Termine, die du nur wahrnimmst, weil du Angst hast, sonst etwas Wichtiges zu verpassen? Gibt es Dinge, die du nur tust, um mit anderen mithalten zu können? Gibt es Sachen, die du nur kaufst, weil man sie „haben muss"?

Digitaler Minimalismus

Wohin wir auch sehen, überall sind wir umgeben von Technologie. Computer, Smartphones, Tablets sollen unser Leben einfacher machen. Dadurch, dass wir jederzeit miteinander verbunden und immer online sind, glauben wir, dass wir in kürzerer Zeit mehr schaffen. Doch das stimmt leider nicht immer.

Die ständige Verfügbarkeit und die gefühlte Notwendigkeit, permanent online zu sein, überfordern uns.

Was zieht uns so sehr ständig an unsere Bildschirme und hält uns dort viel länger fest, als uns eigentlich lieb ist? Unsere Technologie, das Internet und insbesondere Social Media haben etwas höchst süchtig Machendes an sich. Vielleicht ist es unser Bedürfnis, mit anderen Menschen verbunden zu sein, oder es liegt daran, dass wir uns im echten Leben immer weniger verbunden fühlen. Wahrscheinlich spielt auch hier die Angst, etwas zu verpassen, eine Rolle.

Die meisten von uns nutzen Social Media, die eine oder andere Plattform und das in immer größerem Umfang. Wie bei den meisten Dingen macht die Dosis das Gift. Darum ist es sinnvoll, die Zeit für deine Social-Media-Nutzung zu begrenzen.

So behältst du die Kontrolle über deine Smartphonenutzung

Deaktiviere Benachrichtigungen
Wenn du in irgendeiner Form produktiv sein willst, ist das eine wichtige Voraussetzung. Wenn dein Smartphone wegen jedem Like auf Facebook piepst oder vibriert, wirst du alle paar Minuten abgelenkt.

Wenn du also nicht einen besonderen Grund dafür hast, deine Benachrichtigungen aktiviert zu haben, schalte sie ab. Wir checken unsere Social-Media-Accounts sowieso viel zu oft und halten uns viel zu lange dort auf.

Lege bestimmte Zeiten für die Nutzung von Social Media fest

Logge dich zum Beispiel nur einmal am Tag ein und checke deinen Account auf Neuigkeiten. Das scheint dir extrem und unrealistisch? Dann setze dir beispielsweise ein Limit von einer halben Stunde täglich, verteilt auf vormittags und nachmittags. Fällt dir auch das noch zu schwer, halte zumindest bestimmte Zeiten frei, wie die erste Stunde nach dem Aufstehen, während des Essens und eine Stunde vor dem Zubettgehen.

Schaffe smartphonefreie Zonen

Schlafzimmer, Badezimmer und Kinderzimmer könnten Bereiche sein, aus denen das Smartphone draußen bleiben muss.

Begrenze die Anzahl der Plattformen, die du nutzt

Anstatt überall präsent sein zu wollen, beschränke dich auf die zwei für dich relevantesten Social-Media-Plattformen. Damit reduzierst du automatisch den Content, der auf dich einprasselt und damit auch die Notwendigkeit, deinen Account ständig zu checken.

Begrenze die Anzahl an Facebook-Gruppen

Beschränke dich auf Gruppen, die dich wirklich interessieren und zu denen du gerne etwas beiträgst. Wenn du nicht regelmäßig dort aktiv sein möchtest, trete aus der Gruppe aus.

Kommentiere und antworte kurz und freundlich

Die meisten Anfragen und Kommentare lassen sich mit einigen kurzen, freundlichen Sätzen beantworten. Komme direkt zum Punkt und zeige damit, dass du deine Zeit und die deines Gegenübers wertschätzt.

Miste deinen Newsfeed aus

Folge nur Profilen, die dich wirklich interessieren, die dich im positiven Sinne inspirieren und bereichern und „entfolge“ allen, die dir das Gefühl geben, nicht gut genug zu sein, die dich nur zum Konsum animieren wollen, oder durch die du dich in irgendeiner anderen Form schlecht fühlst.

DEINE AUFGABE: SETZE ERST MAL EINE IDEE UM

Starte mit der Idee, die dir am einfachsten umsetzbar erscheint. Versuche nicht, alles auf einmal umzusetzen. Erst, wenn eine Maßnahme gut klappt, ist es an der Zeit, die nächste zu ergreifen.

Die Idee ist, langsam anzufangen und in kleinen Schritten vorwärtszugehen, einen Schritt nach dem anderen.

Lege dein Smartphone zur Seite und lebe dein Leben!

Emotionalen Ballast loswerden

Es fällt uns manchmal schwer, negative Gedanken und belastende Einflüsse in unserem Leben loszulassen. Wie intensiv du Glück und Freude im Leben wahrnimmst, hängt aber viel stärker mit deinem Innenleben zusammen als mit dem, was gerade tatsächlich im Äußeren passiert.

Jeder von uns hat sein Päckchen zu tragen! Vieles vergessen wir im Laufe der Zeit, manche Erlebnisse bewahren wir jedoch beharrlich in einem „Päckchen“ auf. Meist sind es die negativen Erlebnisse, die schlechten Erfahrungen und Enttäuschungen, die wir einfach nicht ablegen können.

Emotionalen Ballast abzuwerfen, bedeutet, den Speicher der Erinnerungen zu bereinigen. Sonst werden im Laufe der Zeit aus dem einen

Päckchen immer mehr, bis wir das Gewicht kaum noch tragen können. Der emotionale Ballast hindert uns, das Leben aktiv zu gestalten. Er hält uns ständig zurück und versperrt den Weg für Neues.

Genauso, wie du dein Zuhause entrümpelt hast, kannst du seelischen Ballast über Bord werfen. Und so, wie beim Entrümpeln von Dingen, wirst du beim Entrümpeln der Seele entscheiden, was du behalten willst, was dir wichtig ist und guttut.

Zum Loslassen musst du dich bewusst entschließen – aber ohne dabei zu hohe Erwartungen an dich zu stellen. Der nächste Schritt ist, die Vergangenheit zu akzeptieren. Vergangenes kannst du nicht ändern, sondern nur akzeptieren. Das ist oft ein schmerzlicher, aber positiver Prozess für die Seele, der Zeit braucht.

Loslassen ist nicht gleichzusetzen mit Kapitulieren oder dem Gutheißen einer Situation. Vielmehr ist es eine Stärke, Harmonie in deine Gedankenwelt zu bringen. Erst einmal musst du dir über deine Situation klar werden. Am besten geht das schriftlich an einem ruhigen Ort. Schreibe auf, was dich belastet und welche negativen Folgen dies mit sich bringt. Halte auch deine Ängste fest, um dich anschließend genauer mit ihnen auseinandersetzen zu können.

Schau einmal genauer hin und frage dich: Wovon sollte ich mich endlich innerlich und äußerlich befreien? Welche wiederkehrenden schädlichen Gedanken habe ich, die mein Leben negativ beeinflussen?

Wie negativ ist meine innere Kommunikation? Spreche ich liebevoll, verzeihend und nachsichtig mit mir oder beschimpfe ich mich, nörgle an mir selbst herum und mache mich in Gedanken ständig selbst runter?

Das nächste Mal, wenn du dich wieder bei einem toxischen Gedanken ertappst, sag laut STOPP! Du kannst dir dabei ein großes Stopp-Schild vor deinem inneren Auge vorstellen. Und dann kehre diesen Gedanken um. „Ich bin einfach nicht gut genug" wird zu „Ich bin wirklich gut genug."

Das geht alles nicht von heute auf morgen, aber nach und nach kannst du dich so von emotionalem Ballast trennen. Es öffnen sich damit Wege für dich, die Lebensfreude zurückbringen und in eine erfüllte Zukunft führen können.

DEINE AUFGABE: SCHREIBE BELASTENDE GEDANKEN AUF

Beginne damit, dir schriftlich über deine Situation klar zu werden. Lege dir dazu ein hübsches Büchlein oder einen schönen Block bereit.

Schreibe am besten einmal wöchentlich auf, welche Gedanken dich belastet haben und wie du sie umkehren kannst.

Mental Load verringern

Als Mental Load wird die Gesamtsumme der Aufgaben bezeichnet, die du übernimmst und der Aufwand, den du betreiben musst, damit auch keine der zu erledigenden Aufgaben aus dem Blickfeld oder gar in Vergessenheit gerät. Gemeint ist also das ständige Denken und Planen, die gesamte Organisation hinter dem Familienalltag. Es ist diese unsichtbare Last auf deinen Schultern, die dir das Gefühl gibt, dass alles zu viel wird.

Eltern kümmern sich darum, dass mit den Kindern, dem Haushalt und der Familien-Organisation alles gut läuft. Ein gewisses Maß an unsichtbarer Gedanken- und Gefühlsarbeit leisten sie alle.

Das Problem ist, dass meistens einer der Partner (in der Regel die Frau) im Großen und Ganzen derjenige ist, der diese Arbeit leistet, ständig an alles denken zu müssen, während der andere Partner (meistens der Mann) höchstens der ausführende Part ist und damit deutlich weniger Belastung hat. Einer kümmert sich also permanent, um die Koordinierung, während der andere darauf wartet, welche Aufgaben er eventuell zugeteilt bekommt.

Ist es nicht meistens so, dass die Mutter als Einzige die Kleidergröße der Kinder kennt, weiß, was für den Kindergeburtstag besorgt werden muss, wann der nächste Zahnarzttermin ausgemacht werden sollte und was auf die Einkaufsliste kommt?

Die meisten von uns haben als Kinder gelernt, dass es die Frauen sind, die sich um den Haushalt, um Geburtstags- und Weihnachtsgeschenke kümmern und darum, dass es den Menschen um sie herum gut geht.

Diese unsichtbare Arbeit benötigt unheimlich viel Energie. Die „Mental Load" hindert einen sogar daran, überhaupt einmal einen freien Kopf zu haben, richtig Pause zu machen und sich zu erholen. Darum fühlen sich viele Frauen von der Last erdrückt, für alles zuständig zu sein. Oft bringen sie das durch Meckern und Nörgeln zum Ausdruck und werfen ihren Männern vor, sich nicht genug zu beteiligen. Die Männer wiederum hören sich diese Vorwürfe an, verstehen das Problem nicht und fühlen sich angegriffen. „Du hättest mich nur fragen müssen. Ich hätte dir doch geholfen."

Was kannst du tun, um euer Familienleben auch in dieser Hinsicht zu vereinfachen, die Mental Load zu verringern und gerecht zu verteilen?

Wenn ihr bereits eure regelmäßigen Termine und Verpflichtungen auf den Prüfstand gestellt und alles Unnötige gestrichen habt, ist schon einiges an Druck herausgenommen, und ihr solltet eine deutliche Entlastung spüren.

Auch dadurch, dass ihr die Menge an Dingen in eurem Zuhause reduziert habt, habt ihr einen wesentlichen Beitrag dazu geleistet, dass euer Leben einfacher wird, weil ihr schlicht weniger Dinge verwalten müsst.

Aber es bleiben natürlich trotzdem noch jede Menge alltägliche Aufgaben übrig.

Was kannst du tun, um die Mental Load zu verringern?

- Einerseits ist es notwendig, dass du bereit bist, Kontrolle abzugeben und von deinen Vorstellungen abzuweichen. Auch du als Mutter bist in die Rolle als Planerin reingewachsen. Wenn dein Mann Aufgaben übernimmt, wird er es anders machen als du. Es läuft vielleicht nicht alles, wie bisher, aber deswegen muss, es nicht zwangsläufig schlechter sein.
- Alle ziehen an einem Strang und übernehmen Verantwortung für ihre eigenen Dinge. Auch die Kinder (entsprechend ihrem Alter) räumen ihre Wäsche in den Wäschekorb, hängen ihre Jacken auf, decken den Tisch usw. Es ist wichtig, dass Kinder lernen, dass so ein Haushalt nicht von alleine funktioniert. Und sicher tut es gut, wenn sie auch sehen, dass beide Eltern ihn gemeinsam managen und nicht nur einer von beiden.

DEINE AUFGABE: ERFASSE ALL DIE KLEINEN ALLTAGSAUFGABEN

Erstelle dazu eine Tabelle mit vier Spalten. Schreibe über die erste „Aufgabe", über die zweite deinen Namen über die dritte den deines Partners. Die vierte ist für die Kinder bestimmt.

Trage in der Spalte links alles ein, was du im Haushalt machst. Bitte deinen Partner auch alles aufzuschreiben, was er tut.

Sammelt so ein bis zwei Wochen lang und seht euch dann die Verteilung an. Berücksichtigt auch die Häufigkeit der einzelnen Aufgaben (zweimal im Jahr Reifen wechseln, täglich Wäsche waschen usw.). Sprecht über eure Ergebnisse und schaut, ob ihr Verantwortlichkeiten verschieben könnt, sodass beide ihren Teil beitragen und Verantwortung übernehmen.

Wenn ihr als Eltern eure Aufgabenbereiche geklärt habt, nehmt die Kinder mit ins Boot. Am besten überlegt ihr euch vorab, welche Aufgaben die Kinder übernehmen können und lasst sie dann wählen, welche sie gerne annehmen wollen.

Das Ganze muss dann nicht in Stein gemeißelt sein, sondern kann sich natürlich auch mit den äußeren Umständen ändern. Wichtig ist, dass du damit bei deiner Familie überhaupt erst das Bewusstsein für diese oft unsichtbaren Aufgaben geschaffen hast und dass alle einen Teil der Verantwortung übernehmen und gemeinsam zu einem gelingenden Familienleben beitragen.

Den Kopf aufräumen

Auch wenn du bereits an der Verringerung deiner Mental Load gearbeitet hast, kann es passieren, dass dir alles zu viel wird: Das Gedankenkarussell stoppt nicht, permanent spuken dringende Termine oder To-dos in deinem Kopf herum und du weißt gar nicht, mit welcher Aufgabe du zuerst anfangen sollst.

Dann ist es höchste Zeit für einen sogenannten „Braindump“, was übersetzt so viel bedeutet wie „das Gehirn entleeren“. Bei einem Braindump „schüttest“ du sinnbildlich den Inhalt deines Kopfes aus, um dir einen Überblick zu verschaffen.

Danach geht es ans Sortieren, bevor alles Übriggebliebene organisiert werden kann. Alleine das Aufschreiben der Gedanken hilft dir, Stress abzubauen und Ordnung hineinzubringen, um die Aufgaben dann entsprechend gewichten zu können.

So bekommst du Klarheit in den Kopf

Überblick verschaffen

- Zunächst verschaffst du dir einen Überblick über das ganze Chaos in deinem Kopf, indem du alles, was dir im Kopf umherschwirrt, aufschreibst. Wirklich alles! Egal ob beruflich oder privat, ob Termine, Stress mit Familienmitgliedern, wichtige Besorgungen und auch die Dinge, die du seit Wochen vor dir herschiebst. Dazu kommen alltägliche Dinge wie Wäsche waschen oder das Bad putzen und dass die Mülltonne noch vor die Tür gestellt werden muss, unabhängig davon, wie klein, groß, wichtig oder unwichtig es dir erscheinen mag.
- Wenn du mit deinem Braindump fertig bist, lege erst einmal eine kleine Pause ein und mache etwas anderes.
- Mit ein bisschen Abstand kannst du später viel klarer sehen und deine aufgeschriebenen Gedanken leichter sortieren.

Sortieren

Nach dem Aufschreiben fragst du dich, wie wichtig die Gedanken bzw. Aufgaben sind und was du davon überhaupt erledigen musst. Streiche alles von deiner Liste, was du vielleicht doppelt aufgeschrieben hast, was sich vielleicht schon längst erledigt hat, was nicht mehr wirklich wichtig ist, oder was du gut an jemand anderen abgeben kannst.

Bei welchen Gedanken handelt es sich um ganz konkrete Aufgaben und Termine, an die du denken musst? Übertrage diese Gedanken auf einen neuen Zettel (To-do-Liste mit z. B. täglichen, wöchentlichen oder monatlichen Aufgaben) und in deinen Terminkalender.

Organisieren

Im letzten Schritt organisierst du alles, was noch auf der Liste steht, neu, um endgültig Ordnung in Chaos zu bringen. Was hat Priorität, was kannst du delegieren, was kannst du sofort erledigen, was später?

So einen Braindump kannst du übrigens bereits „vorbeugend" machen, bevor dir der Kopf vor lauter Gedanken raucht, z. B. zum Ende jeder Woche, um entspannt und mit freiem Kopf ins Wochenende zu starten.

Genieße, wie erleichtert du dich danach fühlst. Weil alles aufgeschrieben ist, gibst du deinem Kopf damit die Erlaubnis, es loszulassen. Und schon ist der Weg frei, um dich völlig auf das zu konzentrieren, was du jetzt machen möchtest, egal, ob dass das Erledigen von Arbeit oder einfach ein Nachmittag mit deiner Familie ist.

DEINE AUFGABE: BEREITE DEINEN ERSTEN BRAINDUMP VOR

Leg dir einen Block oder lose Blätter bereit, am besten in einer Schublade oder einem Schrank. So kannst du sie jederzeit zum Aufschreiben des Braindumps benutzen, also der Gedanken daran, was du alles tun musst oder willst. Außerdem lassen sich auf weitere Blätter auch gleich To-do-Listen schreiben.

WEITERDENKEN

Nachdem ihr nun gemeinsam ausgemistet habt, im Idealfall nur noch Dinge besitzt, die ihr nutzt und gern habt und ihr euch euer Leben durch gute Gewohnheiten vereinfacht und erleichtert habt, ist es Zeit weiterzudenken und groß zu träumen. Wir haben das Potenzial, unser Leben in die eigene Hand zu nehmen und zu verändern und das nicht nur im Hinblick auf unsere Gegenstände. Minimalismus ist das Werkzeug, das dir hilft, weitere wichtige Bereiche anzugehen, um nicht nur dein eigenes Leben zu verbessern, sondern ein Stück weit auch die Welt zu verändern. Er ist ein Steinchen, das du in einen ruhigen See wirfst und das immer weitere Kreise zieht.

Durch Minimalismus die Welt verändern

Minimalismus verhilft dir zu mehr Platz in deinen Schränken, gibt dir deine Zeit zurück, hilft dir, Geld zu sparen und deine Lebensfreude wiederzuentdecken. Minimalismus kann dir aber auch helfen, die Welt zu verändern.

Jedes Mal, wenn du dich gegen einen unnötigen Kauf entscheidest, etwas weiter nutzt, das du bereits hast, etwas gebraucht kaufst, oder etwas leihst, statt es zu kaufen, ist das wie ein kleines Geschenk an unseren Planeten. Deine Entscheidung für oder gegen einen minimalistischen Lebensstil hat weitreichende Auswirkungen.

Unser westlicher Lifestyle mit seinem gigantischen Ausmaß an Konsum, Energieverbrauch, ständigem Verzehr tierischer Produkte, unendlicher Mobilität und enormer Müllproduktion hat dazu geführt, dass die Erde in einem schlimmen Zustand ist.

Wir leben in einer Konsumwelt, die vom schieren Wahnsinn regiert wird. Jeder halbwegs vernünftige Mensch weiß das, und doch tun die allerwenigsten von uns etwas dagegen. „Shoppen" ist zum Hobby geworden – klar doch, wenn der Alltag irgendwie trist ist und uns nur stresst und anstrengt, brauchen wir den kurzen Kick und die Belohnung beim Einkaufen. Wir wollen alles, aber brauchen doch eigentlich nichts.

Bewusster Konsum lässt uns aus diesem Wahnsinn aussteigen. Denn wenn wir nur das kaufen, was wir wirklich brauchen, und die Lebensdauer von Produkten verlängern, sparen wir nicht nur unheimlich viele Ressourcen, sondern auch unheimlich viel Geld. Geld, das wir endlich in sinnvollere Dinge investieren könnten.

Wenn du bewusst einkaufst, wenn du dir bewusst überlegst, was du wirklich benötigst, vielleicht auch eine Nacht (oder länger) darüber schläfst, anstatt sofort impulsiv zuzugreifen, reduzierst du automatisch. Und das muss sich nicht wie eine Einschränkung anfühlen. Ganz im Gegenteil, du fühlst dich vielmehr befreit, du musst nicht länger im Hamsterrad der Werbeindustrie laufen, sondern entscheidest selbstbestimmt, was du wirklich brauchst.

Bewusster Konsum bedeutet auch, darauf zu achten, ökologische und faire Produkte zu kaufen. Bei Lebensmitteln kannst du außer auf ökologischen Anbau noch auf regionale und saisonale Produkte achten.

Auch beim Kauf von Textilien kannst du dir zum Ziel setzen, nur solche zu kaufen, die nicht nur ökologisch, sondern auch fair produziert wurden. Durch bewussten Konsum entscheidest du dich für wenige, dafür aber qualitativ hochwertige und langlebige Produkte, die besser für dich, deine Gesundheit und die Umwelt sind. Ich kann dir nur empfehlen, dir mal ein paar konsumkritische Dokumentationen anzusehen, die Probleme wie Rohstoffbeschaffung, Produktionsbedingungen, Fairness und Müllmengen thematisieren. Das kann dir die Augen öffnen und dir vergeht tatsächlich die Lust am blinden Konsumieren.

Wenn dir klar wird, dass dein Konsumverhalten nicht getrennt von Themen wie Ausbeutung, Klimawandel und Menschenrechtsverletzungen zu betrachten ist und du diese Zusammenhänge siehst, kannst du einfach nicht so weitermachen wie bisher. Ein minimalistischer Lebensstil könnte sich als Antwort auf die ökologischen und sozialen Probleme unserer Zeit erweisen.

Weniger kaufen – mehr leben

Die Kosten eines Gegenstandes sind die Menge an Leben, die du früher oder später dafür geben musst. Jeden Gegenstand, den du kaufst, musst du nicht nur mit Geld, sondern vor allem mit wertvoller Lebenszeit bezahlen. Schließlich bezahlst du jedes neue Ding mit dem Geld, das du zuvor verdient hast.

Weder viel Geld noch viel Freizeit sind eine Garantie für Glück im Leben. Es kommt vielmehr darauf an, welchen Wert du dem Geld oder der Zeit beimisst. Deine Einstellung dazu macht also den Unterschied. Wie wertvoll ist Zeit für dich? Wofür möchtest du deine Zeit nutzen? Wie viel ist dir ein bestimmter Gegenstand wert?

Um überhaupt den wahren Wert oder die wahren Kosten eines Gegenstandes zu erkennen, kannst du dir vor dem Kauf ausrechnen, wie lange du dafür arbeiten musst. Dafür musst du dein Nettogehalt pro Stunde kennen.

Das durchschnittliche Nettoeinkommen aller Arbeitnehmer in Deutschland betrug 2018 monatlich 1890 Euro. Angenommen du arbeitest 21 Tage im Monat und hast eine 40-Stunden-Woche. Dann verdienst du pro Stunde 11,25 €. Für einen Latte macchiato, der drei Euro kostet, musst du dann knapp 16 Minuten arbeiten. Für ein Paar Schuhe im Wert von 100 € knapp 9 Stunden.

Du wirst dir dann sicher die Frage stellen: Ist mir der neue Gegenstand wirklich so viel Arbeits- und damit Lebenszeit wert? Dabei solltest du auch miteinbeziehen, dass das Ding oft Folgekosten verursachen wird. Jedes Elektrogerät verbraucht Strom, für manche Dinge benötigt man Zubehör usw. Außerdem kostet ja jeder neue Gegenstand an sich Zeit, denn er will verwendet, aufbewahrt, geputzt, gewartet, gepflegt, abgestaubt, entsorgt und ersetzt werden.

Diese Gedanken können dir helfen, das für dich passende Maß zu finden, um deinen Besitz zu reduzieren, bis du nur noch Gegenstände hast, die dein Leben erleichtern oder bereichern, und um nur noch Gegenstände zu kaufen, die du dir wirklich leisten kannst und willst.

Das gibt dir vielleicht die Möglichkeit, deine Arbeitszeit zu reduzieren, ein Sabbatical einzulegen, länger in Elternzeit zu bleiben oder früher in Rente zu gehen. Vielleicht könntest du dann auch eine künstlerische oder ideell geprägte Tätigkeit ausüben, bei der du zwar weniger verdienst, aber die dich stärker erfüllt als die Arbeit, die du früher einmal vor allem wegen der guten Verdienstmöglichkeit gewählt hast.

Deine Zeit ist wertvoll. Wir können zwar unsere Zeit einsetzen, um mehr und mehr Geld zu verdienen, aber anders herum, können wir uns für kein Geld der Welt mehr Zeit kaufen. Zeit ist außerdem begrenzt, zumindest die Zeit, die jedem Einzelnen von uns zur Verfügung steht.

Auch wenn es in unserer Gesellschaft die Norm ist, möglichst viel zu arbeiten, um möglichst viel Geld zu verdienen, lohnt es sich zu hinterfragen, ob ihr als Familie dieses Spiel so mitspielen wollt. Ist Geld nicht dazu da, um sich zu versorgen, seine Bedürfnisse zu erfüllen und existenziell abzusichern, sodass ihr die Zeit, die übrig bleibt, individuell sinnvoll verbringen könnt? Wie viel Geld müsst ihr tatsächlich verdienen, um gut zu leben? Was bedeutet ein gutes Leben überhaupt für euch?

Wenn du dich nicht an anderen Menschen messen, sondern nur auf deine Bedürfnisse schauen würdest – was wäre Reichtum dann für dich? Das sind Fragen, die sich nicht aus dem Stegreif beantworten lassen, aber es lohnt sich auf jeden Fall, darüber nachzudenken.

Du bist nicht nur Verbraucher

In unserer Gesellschaft werden die Menschen oft nur als Verbraucher betrachtet. Viele unserer Erfolgskennzahlen basieren auf Konsum. Konsumklimaindex, Verbrauchervertrauen, Konsumbarometer ...

Dein Leben muss aber nicht nur durch Konsum geprägt sein. Du bist ein Mensch. Du bist Fleisch und Blut, du bist Seele und Herz. Vielleicht liebst du Abenteuer und Reisen oder du bevorzugst die Stille und einen ruhigen Abend zu Hause.

Du bist nicht nur Verbraucher, sondern so viel mehr:

- Du bist Mutter oder Vater, liebst deine Kinder und willst das Beste für sie.
- Du brennst für deine Arbeit und nutzt deine Talente und Leidenschaften, um jeden Tag hilfreich für andere zu sein.
- Du bist kreativ und schreibst, malst, nähst, strickst oder werkelst und schaffst damit ein bisschen mehr Schönheit und Freude auf dieser Welt.
- Du bist eine Freundin und für andere da, um Freude zu teilen, aber auch dann, wenn es hart auf hart kommt.
- Du bist ein liebenswerter und wertvoller Teil der Gesellschaft.
- In jeder erdenklichen Hinsicht bist du weit mehr als nur ein Verbraucher.

Auch wenn die Botschaften der Werbeindustrie anders klingen, glaube ihren Aussagen nicht: „Du willst eine gute Mutter sein, kaufe dieses Spielzeug“, „Du willst eine echte Freundin sein? Kaufe dieses Geschenkset“, „Du willst wahres Lebensglück? Es ist im Angebot, nur heute mit 40 % Rabatt“.

Du bist nicht bloß Verbraucher. Du bist ein Mensch und die Erfüllung deiner wahren Wünsche und Träume wirst du nie im Kaufhaus finden. Du brauchst nicht noch mehr Dinge, um glücklich zu sein. Im Gegenteil. Sehr wahrscheinlich brauchst du weniger.

Downsizing

Wie viel Platz braucht man eigentlich, um glücklich zu sein? Wie groß muss eine Wohnung für eine Familie sein? Hast du dir einmal Gedanken darüber gemacht, wie viel Platz du wirklich zum Wohnen brauchst?

Wenn du an dieser Stelle schon viel von deinem Besitz aussortiert hast und dein Hab und Gut verringert hast, kommen dir vielleicht manche Räume im Haus leer vor. Die Wohnung, die vorher aus allen Nähten platzte, scheint dir plötzlich geräumig.

Es muss ja nicht gleich ein Tiny House mit 40 Quadratmetern sein, aber was wäre, wenn ihr eure Wohnfläche verkleinern würdet? Vielleicht könnte das der nächste Schritt auf eurem Weg zu einem minimalistischeren Lebensstil sein und ihr weitet die Frage: „Brauche ich das eigentlich wirklich?" auf euer ganzes Zuhause aus.

Vorteile, die für eine Verkleinerung eures Wohnraums sprechen:

- Weniger Kosten für Heizung und Strom, denn jeder Quadratmeter kostet Energie. Weniger Fläche wird beleuchtet, beheizt, mit Bodenbelag versehen und möbliert, muss gereinigt und instand gehalten werden.
- Mehr Geld zur Verfügung durch kleinere Hypothekenraten fürs Haus oder geringere Mietkosten.
- Weniger Zeit, in der du Haus oder Wohnung in Ordnung halten und pflegen musst.
- Weniger Stauraum – schlichtweg weniger Platz, um unnötige Dinge aufzubewahren.

All diese Vorteile zeigen, dass es durchaus sinnvoll sein kann, einmal über eure Wohnsituation nachzudenken.

Wenn ihr vorhabt umzuziehen, behaltet im Hinterkopf, dass es eigentlich viel schlauer wäre, ein Haus oder eine Wohnung zu suchen oder zu bauen, die so klein wie möglich und gerade so groß wie nötig ist, um eure Bedürfnisse zu erfüllen und nicht einfach das größte Objekt zu nehmen, das ihr euch gerade so leisten könnt.

Ernährung

Hast du auch manchmal das Gefühl, das Thema Ernährung ist kompliziert geworden? Ernährungswissenschaftler und Lebensmittelindustrie optimieren unsere Ernährung und erteilen widersprüchliche Ratschläge. Ein Ernährungstrend wechselt den anderen ab: Paleo, vegan, Low Carb, Superfoods ... Da soll mal einer durchblicken. Was du wirklich brauchst, ist mehr Einfachheit und Klarheit – vor allem in deiner Ernährung.

Minimalismus kann auch das Thema Ernährung vereinfachen. Es geht darum, dass du dich auch beim Essen und Kochen wieder auf das Wesentliche konzentrierst, wie Nachhaltigkeit und Saisonalität. Dadurch ernährst du dich und deine Familie automatisch viel bewusster und gesünder.

Eigentlich musst du dich nur fragen: Mag ich das und tut mir das gut? Stell dann deine Mahlzeiten aus möglichst wenig verarbeiteten Lebensmitteln her.

So vereinfachst und verbesserst du die Ernährung

Plane deine Mahlzeiten
Was lästig und einengend klingt, erweist sich als wirklicher Familien-Alltags-Helfer und Zeitschenker. Denn so kannst du vorhandene Vorräte verplanen, gezielt einkaufen gehen, vermeidest Spontankäufe und musst nicht täglich neu überlegen, was es zu essen geben soll. Lege hierzu einen Tag fest, an dem du deine Mahlzeiten für die Woche planst. So wird das Planen nach und nach zur Gewohnheit!

Mit wenigen Zutaten kochen
Rezepte mit ellenlangen und exotischen Zutatenlisten sind unnötig kompliziert. Einfache Gerichte mit wenigen Zutaten sind oft die besten. Eine schnelle und unkomplizierte Zubereitung, für die man wenige Küchenutensilien benötigt, gehört zu einer einfachen und für den Familienalltag tauglichen Ernährung dazu.

Miste Vorrats- und Kühlschrank aus

Mache eine Bestandsaufnahme von Vorratskammer und Kühlschrank und sortiere alles aus, was überflüssig ist. Fertigprodukte wie Grillsoßen, Fix-Tüten oder Dosen-Ravioli müssen als Erste gehen. Verschenke die Produkte oder spende sie, anstatt sie wegzuwerfen.

„Gute" Lebensmittel verwenden

Im Supermarkt haben wir die Wahl zwischen Tausenden Produkten. Stellt sich nur die Frage: Wer braucht die alle? Um für die Gesundheit deiner Familie das Beste zu tun, solltest du möglichst biologisch angebaute, regionale, saisonale und vollwertige Lebensmittel konsumieren. Diese einfachen, guten Lebensmittel findest du in jedem Supermarkt, in Unverpackt-Läden und auf dem Wochenmarkt.

Du hast dein Leben in der Hand

Wenn du deinen Besitz minimierst und dein Leben vereinfachst, hilft dir das, Dauerstress und Überforderung hinter dir zu lassen und dein Leben überhaupt wieder zu genießen. Außerdem setzt du Geld, Zeit und Energie frei, die du für Wichtigeres verwenden kannst als für Dinge.

Minimalismus heißt also nicht, sich vom Leben um sich herum zu verabschieden und auszusteigen. Es bedeutet vielmehr, mit neu gewonnener Energie und Klarheit mitten ins Leben einzusteigen. Es ist jetzt viel leichter für dich, neue Dinge auszuprobieren und Veränderungen anzugehen, die du früher kaum für möglich gehalten hast.

Wenn du dich mit deinem Besitz auseinandergesetzt, deine Prioritäten festgelegt und Kaufgewohnheiten hinterfragt hast, wird es dir nicht mehr unmöglich scheinen, auch andere Bereiche deines Lebens zu verändern.

Du kannst nun die Ressourcen, die dir zur Verfügung stehen, bewusst in Richtung deiner Werte und Ziele lenken.

Vielleicht möchtest du schuldenfrei sein. Dann nutze das Geld, das du durch deinen minimalistischeren Lebensstil einsparst, um deine Schulden möglichst schnell abzuzahlen. Oder du willst viel mehr reisen. Dann plane deine erste Reise und nutze gespartes Geld und Zeit und fahre los. Du willst mehr Zeit mit deiner Familie verbringen? Dann nutze die gewonnene Zeit und plane einen wöchentlichen Spieleabend oder erkläre den Samstag zum „Familien-Ausflugstag".

Dein vereinfachtes Zuhause kann nicht nur dein sicherer Hafen sein, in den du am Ende des Tages zurückkehrst. Von hier aus kannst du auch lossegeln und mit deiner Zeit, deinen Gaben und Talenten zu etwas Größerem beitragen.

Ein minimalistischer Lebensstil kann dir helfen zu erkennen, was du hast, dankbar dafür zu sein und zu einem großzügigeren Menschen zu werden und damit nicht nur dein eigenes, sondern auch das Leben anderer positiv zu beeinflussen.

Minimalismus ist der Schlüssel. Welche Türen wirst du aufschließen?

Herzlichen Glückwunsch!

Herzlichen Glückwunsch, du hast es geschafft! Du bist den ganzen Weg durch dieses Buch gegangen und hast damit dein Zuhause und dein Familienleben so viel leichter und freier gemacht. Darauf kannst du wahnsinnig stolz sein.

Jetzt ist es Zeit, Nachher-Fotos zu machen und sie mit den Fotos vom Anfang zu vergleichen und festzustellen: was für ein Unterschied!

Ausmisten findet bei den meisten von uns in Wellen statt. Wenn du dich jetzt noch nicht so befreit fühlst, wie du es dir ursprünglich erhofft hast, keine Sorge. Das wird noch kommen. In der ersten Ausmistrunde gehen die meisten von uns noch nicht genug in die Tiefe. Meist brauchen wir noch eine zweite Runde, in der wir noch schonungsloser an das Gerümpel herangehen.

In der zweiten Runde weißt du, dass es funktioniert, du kannst dich an vieles, was du ausgemistet hast, gar nicht mehr erinnern und vermisst nichts. Jetzt kannst du noch einmal durchgehen und alles weiter vereinfachen. Dabei musst du höchstwahrscheinlich gar nicht mehr alle Bereiche durchgehen, sondern nur die Hauptbereiche, in denen sich das meiste abspielt.

Ausmisten findet auch deshalb meist in Wellen statt, weil du dich selbst weiterentwickelst. Das, was früher für dich wichtig war, ist es heute vielleicht nicht mehr. In vielen Bereichen hat sich deine Einstellung verändert. Das ist ganz normal und auch gut so. Du lernst laufend dazu und veränderst dich. Dinge, die in der ersten Runde noch bleiben durften, scheinen dir in der zweiten Runde gar nicht mehr so notwendig.

Auch gute Gewohnheiten brauchen Zeit. Je mehr du dich mit dem Thema beschäftigst, desto mehr wird sich dein Leben und desto mehr wirst du dich und deine Einstellung verändern.

Weniger Kram zu besitzen ist kein Selbstzweck. Minimalismus entfernt die physischen Ablenkungen, sodass du nach deinen wirklichen Werten und Prioritäten leben kannst.

Du hast ganz am Anfang dieses Buches dein Warum definiert. Das, was dich antreibt. Was war deine Motivation? Wie hat das Ausmisten dich diesem Ziel näher gebracht?

Denk daran, das Ausmisten vereinfacht das Leben sehr, aber sich zu sehr hineinzusteigern und sich zwanghaft damit zu beschäftigen, macht dein Leben eher wieder komplizierter. Bleibe dran und mache weiter, aber genieße dabei den Weg. Das Leben ist zu kurz, um nicht auch kleine Erfolge zu feiern. Ich bin sehr stolz auf dich, dass du es bis hierher geschafft hast.

Du kannst mir gern Fotos schicken, ich möchte deinen Fortschritt unbedingt sehen. Egal, ob es Vorher-Nachher-Bilder sind oder nur Nachher-Bilder. Wenn du etwas hast, das dich glücklich macht, einen Erfolg, den du Dank dieses Buches feiern kannst, etwas, das du mit mir teilen möchtest, dann freue ich mich sehr darüber! Sehr gerne werde ich die Geschichten von Familien, die sich auf den Weg gemacht haben, ihr Leben zu vereinfachen, sammeln und teilen, um damit viele weitere Familien zu inspirieren.

Meine E-Mail-Adresse lautet nicole@familieordentlich.de

Ich würde mich sehr darüber freuen, von dir zu hören. Du kannst sehr stolz auf dich sein! Gut gemacht!

Falls du dir Unterstützung wünschst

Mit diesem Buch habe ich versucht, dir den bestmöglichen Leitfaden an die Hand zu geben, um dein Zuhause und deinen Familienalltag zu vereinfachen und damit endlich wieder Luft zum Atmen und Freude am Familienleben zu haben.

Manche Menschen lesen so ein Buch und können alles wunderbar für sich umsetzen. Für andere dagegen ist die Umsetzung schwieriger und sie wünschen sich mehr Unterstützung und Begleitung beim Arbeitsprozess.

Ich bin gerne weiter für dich da und begleite dich auf deinem Weg zu einem vereinfachten und entspannten Familienalltag. Auf meiner Website www.familieordentlich.de findest du die verschiedenen Wege, mit denen ich dich unterstützen kann, seien es Inspirationen durch regelmäßige Blogbeiträge, ein Onlinekurs oder individuelle Beratung, die auf deine ganz persönlichen Bedürfnisse abgestimmt ist.

Lebe einfach gut!

Die besten Mama-Life-Hacks!

- Die besten Life-Hacks für Mamas von der Macherin des Erfolgs-Blogs „Familie Ordentlich“
- Endlich mehr Freude und Zufriedenheit für gestresste Mütter
- In 30 Tagen zum entspannten Mama-Dasein: weniger Chaos, mehr Zeit für Familie und sich selbst

Stand 2020. Änderungen vorbehalten.

Nicole Weiß

Familie Ordentlich

208 Seiten, 80 Abbildungen
14,5 x 21,5 cm, Softcover
ISBN 978-3-86910-415-7
€ 19,99 [D] / € 20,60 [A]

Der Ratgeber ist auch als eBook erhältlich.

humboldt

...bringt es auf den Punkt.

Bibliografische Information der Deutschen Nationalbibliothek
Die Deutsche Nationalbibliothek verzeichnet diese Publikation in der deutschen Nationalbibliografie; detaillierte bibliografische Daten sind im Internet über http://dnb.de abrufbar.

ISBN 978-3-8426-1619-6 (Print)
ISBN 978-3-8426-1620-2 (PDF)
ISBN 978-3-8426-1621-9 (EPUB)

Abbildungen
Titelmotiv: Shutterstock - Ksenia Lokko
Stock.Adobe.com: Denira: 6 (oben); Photographee.eu: 6 (unten); Kirill Gorlov: 9; Rastlily: 13; glisic_albina: 16; YuliyaKirayonak: 23; Alena Ozerova: 24 (oben); galinka_zhi: 24 (Mitte); Maya Kruchancova: 24 (unten); Svetlana Lukienko: 26; Dasha Petrenko: 29; Tierney: 31; master1305: 34; Fotos 593: 41; Gillianvann: 43; detailblick-foto: 45; yanadjan: 48; Alexander Borisenko: 53; Natali-aleb: 54; Crystal Sing: 58; SolisImages: 63; Inna: 64; Africa Studio: 69; Raisa Kanareva : 70 (oben); Vejaa: 70 (Mitte); Kostikovanata: 70 (unten); Navintar: 73; Photographee.eu: 76; Ekaterina: 83; tashka2000: 87; Mishelle: 95; Evgeniia: 101; TravelPhotography: 107; Stokkete: 111; Daria Minaeva: 114; New Africa: 116; Mahony: 121; Ulza: 124; wimage72: 127; kostikovanata: 131; augustcindy: 133; whitenovastudio: 134 (oben); sweetlaniko: 134 (Mitte); photosbysabkapl: 134 (unten); kostikovanata: 137; VadimGuzhva: 141; Dmitry Vereshchagin: 144; Nataliaderiabina: 146; Jchizhe: 150; Puhimec: 156; Rawpixel.com: 159; Ivan Kruk: 160; Yuliya: 162; Sergii Mostovyi: 164; Kristen Prahl: 167; Kristen: KleverLevel: 171; Lavrenkova: 173; Dagmar Richardt: 174 (oben); Fabio Principe: 174 (unten); Song_about_summer: 177; Alena Ozerova: 180; www.push2hit.de: 182; Prostock-studio: 184; Luka: 186
Nicole Weiß: 90, 155, 189

2. Auflage

Die Ratgebermarke der Schlütersche Fachmedien GmbH
Hans-Böckler-Allee 7, 30173 Hannover
www.humboldt.de
buchvertrieb@schluetersche.de
www.schluetersche.de

Gedruckt mit mineralölfrei hergestellten Druckfarben und Strom aus erneuerbaren Energien. Die eingesetzten Klebe- und Bindestoffe entsprechen den derzeitigen Umweltstandards, die vom RAL Institut für Gütesicherung und Kennzeichnung geprüft wurden.

Lektorat: Berit Lina Barth, Mössingen
Covergestaltung: ZERO, München
Satz: PER MEDIEN & MARKETING GmbH, Braunschweig
Druck und Bindung: Salzland Druck GmbH & Co. KG, Staßfurt